Georg Steller

Reise von Kamtschatka nach Amerika mit Vitus Bering

Georg Steller

Reise von Kamtschatka nach Amerika mit Vitus Bering

ISBN/EAN: 9783954272198
Erscheinungsjahr: 2012
Erscheinungsort: Bremen, Deutschland

© maritimepress in Europäischer Hochschulverlag GmbH & Co. KG, Fahrenheitstr. 1, 28359 Bremen. Alle Rechte beim Verlag und bei den jeweiligen Lizenzgebern.

www.maritimepress.de | office@maritimepress.de

Bei diesem Titel handelt es sich um den Nachdruck eines historischen, lange vergriffenen Buches. Da elektronische Druckvorlagen für diese Titel nicht existieren, musste auf alte Vorlagen zurückgegriffen werden. Hieraus zwangsläufig resultierende Qualitätsverluste bitten wir zu entschuldigen.

G. W. Steller's

ehemal. Adjunkts der kayſ. Akademie der Wiſſenſchaften zu St. Petersburg

Reiſe

von

Kamtſchatka

nach

Amerika

mit dem

Commandeur = Capitän Bering.

Ein Pendant zu deſſen Beſchreibung von Kamtſchatka.

St. Petersburg,
bey Johann Zacharias Logan,
1793.

G. W. Stellers

vormaligen Adjunkts bey der Kaiserl. Akademie der Wissenschaften

Tagebuch

seiner Seereise aus dem Petripauls Hafen in Kamtschatka bis an die westlichen Küsten von Amerika, und seiner Begebenheiten auf der Rückreise.

Suave mari magno turbantibus aequora ventis,
E tuto magnum alterius spectare laborem.
LVCRET.

Vorerinnerung

des Herausgebers.

Dieses merkwürdige Tagebuch des nie genu zu bedauernden Stellers ist mir im J. 1769 von dem seeligen Professor der Geschichte Herrn Fischer, einem Freunde des fleißigen Stellers im Original mitgetheilt und eine Abschrift davon zu nehmen erlaubt worden. Ich habe ein Stück daraus, welches die Beschreibung der Beringsinsul enthält, im Zweyten Theil der Neuen Nordischen Beyträge S. 255. u. folg. mitgetheilt, und lasse hier das Tagebuch selbst folgen, aus welchem man sehen wird, wie richtig Steller in jenen frühen Entdeckungszeiten über viele Punkte, die Lage und Beschaffenheit

ſenheit der Weſtküſte von Amerika betreffend, geur:
theilet habe, und wie ſehr es zu bedauern geweſen,
daß der berühmte **Behring**, bey dieſer ſeiner letzten
Reiſe, nicht mehr eben die Thätigkeit und Geſund=
heit gehabt hat, die ihn in den Stand ſetzte auf
ſeiner frühern Reiſe gegen die nordliche nach ihm
benannte Meerenge, das Lob des großen Cook zu
verdienen.

P.

Einleitung.

Wenn, nach einer binnen vierzehn Monaten vollendeten schweren Reise, so zur Untersuchung des nordostlich liegenden Ufers von Amerika angestellet worden und nach mehr als einmal verlorner Hofnung zu leben oder ferner Rußland dienen zu können, dennoch auf einmal den gesegneten Boden der Rußischen Welt betretend aufgelebet, so glaube ich mich verpflichtet meinen übrigen Nachrichten eine kurze, unpartheyische und wahre Beschreibung dieser meiner Reise, deren Begebenheiten und der Schicksale so die Schiffsgesellschaft betroffen, voranzusetzen.

Der große Monarch Peter der I. glorwürdigsten Gedächtnisses war so wohl durch die Entdeckung des Landes Kamtschatka, als auf Vorstellung der Parisischen Akademie der Wissenschaften veranlaßt worden im Jahr 1725 durch Absendung des damaligen Capitains Behring untersuchen zu lassen, wie weit Amerika gegen Osten von Kamtschatka, als dem äußersten nordostlichen Winkel des Reichs entfernet sey, oder ob nicht solches im Norden dem äußersten Tschuktischen Vorgebürge, welches die Alten Promontorium Tabin nannten, am nächsten, ja wohl gar mit demselben zusammenhängend wäre.

So leicht es nun damals gewesen wäre, gleich bey dem ersten Versuch auf dem Boote Gabriel, ohne weitere

tere Kosten und Zeitverlust allenthalben von 51 bis 64 Grad Norderbreite, so weit als sich das Kamtschatkische Ufer von Lopatka, seiner äußersten Landspitze, bis Tschukotskoi Nos ziehet, bey einem Nord=Ost oder Ost gehaltnen Curs die Amerikanischen Inseln auf zwanzig bis dreyßig, das feste Land selbst aber auf funfzig bis siebenzig Meilen *) anzulaufen; so verblieb es nichts desto weniger auf Seiten der damals gebrauchten Officiere bey einer kurzen Untersuchung des Landes Kamtschatka, von Lopatka an bis zu dem sogenannten Sserze Kamen, welcher bey weitem das Tschuktschische Vorgebürge noch nicht ist, indem man das Kamtschatkische Ufer nordwärts begleitete und nie aus dem Gesicht verlohr, wenn es nicht durch Nebelwetter geschahe. — Dergestalt würde der Endzweck der Reise nichts weniger, als erreicht; weil, wenn Amerika der sibirischen Küste so nahe läge, solches schon vorher durch die Kasaken hätte entdeckt seyn müssen, welche zu verschiednenmalen mit Baidaren (ledernen Böten) von der Anadyrschen Mündung aus, diesen Curs befahren hatten; so wie auch der Geodesist (Feldmesser) Gwosdew nachmals 1735 auf dem Boot Gabriel mit seinen Kasaken viel weiter und bis 66 Grad Norderbreite gekommen ist.

Bey der Zurückkunft des Capitäns Behring erhielt also die neugierige Welt nichts mehr, als eine Charte und mangelhafte Erzählung von dem schon bekannten Lande Kamtschatka, nebst einigen mündlichen Aussagen der Anadyrskischen Kasaken, nach welchen das Tschuktschische

---

*) Steller nehmlich muthmaßte, wie man noch aus mehrern Stellen ersehen wird, die Amerikanische Küste in Nordosten und Osten ganz nahe; da man doch nunmehr durch die entdeckten Inseln und deren Entfernung unter einander sowohl, als von Kamtschatka, ganz gewiß des Gegentheils überzeugt ist.   A.

schische Vorgebürge durch ofne See würklich von Amerika abgesondert, hingegen auf 51 Grad, Lopatka gegen über eine Reihe Eylande gelegen seyn sollte, so sich gegen Japan erstreckten, und wohin sich die Kasaken schon zuvor mit einigen Feldmessern auf sehr schlechten Fahrzeugen gewagt, auch würklich dreyzehn Insuln ausgekundschaftet hatten.

Weil man nun bey der im Jahr 1730 erfolgten Zurückkunft des Capitäns **Behring** in Moskau sogleich einsahe, wie wenig die Absicht erreicht, und wie viel noch Hoffnung übrig sey, das Land Amerika in der Nähe zu vermuthen, auch zugleich der Wunsch rege wurde, zuverläßige Kundschaft von denen Kamtschatka südlich bis Japan gelegnen Inseln einzuziehen; so erwuchs daraus die zweyte, große, und wegen der Weite des Weges, abgelegnen und beschwerlichen Transports des Proviant- und Materialien-Vorraths, und vielen andern Ursachen so theure und schwere **Kamtschatkische Expedition**, welche vielleicht um ein Großes hätte vermindert werden können, wenn nach allen damals gehabten Kenntnissen ein unpartheyischer und gewissenhafter Entwurf der äußersten Gegenden Asiens und deren Beschaffenheit unterlegt worden wäre. Besonders konnte denen auf der ersten Expedition gebrauchten Officieren wohl bekannt seyn, wie drückend und nachtheilig der damalige nur so kleine Proviantttransport, den wenigen Bewohnern der Lenischen Gegenden und des Landes Kamtschatka gewesen, und wie von letztern viele hunderte auf denen Transporten von Bolschaja reka nach dem Hafen Awatscha ihr Leben verlohren; da man denn leicht würde eingesehen haben, daß neue, viel größere Transporte diese wüsten Gegenden völlig entkräften, und der Ruin der dortigen armen Völker seyn würden, wie es die Folge gezeigt hat.

Ich übergehe die zehnjährige schwere Veranstaltungen, welche bey dieser zweyten Reise vorhergegangen sind, unzählige dabey gehabte Schwierigkeiten, Kosten, Ruinen an Menschen und Vieh, u. dergl. so sich von 1733 bis 1741 ereignet haben, wie auch die Umstände der besondern Reise des Capitains Spangberg, als welches alles zu meiner Absicht nicht gehört; und wende mich einig zu dem, was die am 5ten Junius 1741 angetretne Reise des Capitain-Commandeurs Behring wie auch des Capitains Tschirikow, so lange beyde zu dieser Reise ausgerüstete Packetbote bey einander geblieben sind, und dann ferner die Schicksale der Behringschen Mannschaft allein, bis zu deren Wiederkunft auf Kamtschatka den 26sten August 1742 betrift.

Da aber bekannt ist, welchergestalt ich im Jahr 1738 von S. Petersburg nur nach Kamtschatka, zu Untersuchung der drey Naturreiche abgefertiget worden, hingegen nicht den geringsten Antheil an den Unternehmungen der Herren Seeoffiziers zu nehmen hatte; so muß ich kürzlich erwähnen, auf welche Weise ich dennoch in ihre Gesellschaft gerathen bin. Ich hatte im Jahr 1740 durch eine aus Kamtschatka an den hohen dirigirenden Senat abgelassene Bittschrift unterthänigst gebeten, daß man mir erlauben möchte den Capitain Spangberg, auf einer andern vorhabenden Reise nach Japan zu begleiten, um durch mich von denen auf dem Wege liegenden Eilanden sowohl, als von Japan selbst, bey so viel aufgewandten Kosten, eine gründliche Nachricht einziehn zu lassen. Als nun indessen der Capitain-Commandeur Behring von meiner unersättlichen Begierde fremde Länder zu besehen, und deren Beschaffenheit und Seltenheiten zu untersuchen Nachricht erhielt, schickte er im Februarmonat 1741 aus dem Hafen S. Petri und Pauli oder Awatscha ein Partikulairschreiben, worinnen er mich

ersuchte

Einleitung.

ersuchte zu ihm zu reisen, um verschiednes mit ihm überlegen zu können. Wie ich nun gleich vermerkte, daß man mich die Reise nach Amerika gemeinschaftlich zu übernehmen, zu überreden Willens sey, säumte ich nicht lange, und reißte nur mit einem Sluschiven (Kasaken der sibirischen Miliz) auf Hunden zu ihm. So bald ich daselbst angelangt war, stellte er mir mit vielen Gründen vor, wie nöthige und nützliche Dienste ich leisten könnte, und wie wohl mein Unternehmen an hohem Orte würde aufgenommen werden, wo ich mich entschließen wollte einen Reisegefährten von ihm abzugeben. Ob ich nun gleich erwiederte, daß mir solches nicht befohlen, ich auch nicht wagen könnte mich dazu zu entschließen, da ich ohnehin schon vorläufig bey dem hohen dirigirenden Senat um Erlaubniß, mit nach Japan gehen zu dürfen, eingekommen, und also ein solcher Beschluß als ein allzufreyer, unbedachtsamer Frevel könnte angesehen werden, sonderlich wenn sich die Amerikanische Reise lange verzögern und ich alsdann auf erhaltnen Befehl nach Japan zu gehn, nicht bey der Hand seyn sollte; so vernichtete doch der Capitain-Commandeur alle meine Einwendungen dadurch, daß er sich zum Bürgen setzte, vor alle Folgen zu stehn, auch derowegen selbst an den hohen dirigirenden Senat zu unterlegen versprach und sich anheischig machte mir alle mögliche Gelegenheit zu geben, damit ich etwas Rechtschafnes ausrichten könnte, und weil ich die unter meinem Commando stehenden Leute zurücklassen müßte, daß er mir auf jeden benöthigten Fall so viel Leute geben wollte, als ich nöthig haben würde. Er schickte mir auch nachmals eine Kanzleyschrift zu, worin er mir, nach gehaltner Commission aller bey der Expedition befindlichen Offiziere öffentlich die genaue Beobachtung zwar nur des Mineralreichs bey der vorhabenden Reise auftrug. Durch dieses alles bewogen entschloß ich mich, angesehen der mir eigentlich aufgetragnen Untersuchung

des

des Landes Kamtschatka dabey nichts abgehen konnte, diese an mich ergangne Einladung anzunehmen. Und verhoffe ich nunmehr es werde mein von allem Partikulair-Interesse lediges Unterfangen desto gnädiger aufgenommen werden, je lauterer sich selbiges auf das gemeine Beste und den Vortheil der Kaiserl. Akademie der Wissenschaften, ingleichen auf die mir vorgeschriebne Pflicht gegründet findet. Wie ich mich denn auch nichts weniger als einer Strafe, vor Verrichtung unbefohlner Dinge, versehe, da die weite Entfernung nicht vergönnte weitläuftige Vorstellungen einzusenden und Befehle zu Unternehmung einer Sache zu erwarten, welche nur wenige Tage auf meine eigne willkührliche Entschließung, nicht aber auf weithergehohlte Befehle warten konnte. Und so darf ich mir auch zum voraus allergnädigsten Pardon versprechen, wenn ich nach vierzehnmonatlichem Aussenbleiben, und einer sechs Monate lang überstandnen höchst kümmerlichen und gefährlichen Seereise, ohne mein Verschulden nur mit wenigen nützlichen Entdeckungen zum Vorschein komme; weil der Herr Capitain-Commandeur sein gethanes Versprechen so schlecht gehalten, daß man mir das feste Land von Amerika nur von ferne gezeigt, auf dreyen Insuln aber nur auf ein Paar Stunden, ohne alle Handreichung, wie einen Missethäter, mit großem Wiederwillen und vor meinen redlichen Eifer nicht ermunternden vielen Stachelreden, endlich auszusetzen sich bewegen lassen. Wie man denn auch keinen, auch nicht den geringsten Vorschlag von mir anzunehmen vor gut befunden, weil die Befehlshaber von ihren eignen Einsichten allzusehr eingenommen waren, bis der unglückliche Ausgang und die gerechte Fügung ihre Eitelkeit leider gar zu entblößt zu Tage stellten. Aber es war der Verdruß, schon so lange in Sibirien verweilt zu haben, und noch länger verweilen zu müssen, welcher diese Herren anspornte dasjenige nunmehr mit einer Sommerreise

reise und auf einmal abzuthun, wozu nach einer mäßigen Ueberlegung nothwendig zwey Sommer erfordert wurden.

Man zog nicht in Erwägung, daß, da öfters zu Anfang des Juliimonats die Kamtschatkische Küsten vom 56sten bis 51sten Grad mit Eiß besetzt werden, und dieses nicht, wie man vorgeben wollte, aus dem Canal zwischen dem Tschuktschischen Vorgebürge und Amerika kommen kann, weil es oberhalb der Mündung des Anadyrflusses weiter gegen Nordosten mangelt, vom Anadyr bis Olutora nur sehr selten, hingegen von Ukäh oder der Ukinskischen Einbucht bis Kamtschatka und von da bis Lopatka alle Jahre bemerkt wird; daß sage ich nothwendig daraus folgen mußte

1) dieses Eiß sey Treibeiß der amerikanischen Flüße;

2) daß in dieser Gegend das Land Amerika am nächsten seyn müsse, wo man alle Jahre ordentlicher Weise das Treibeiß wahrnimmt;

3) daß, weil dieses Eiß gemeiniglich nach einem dreytägigen anhaltenden Ostwind angetrieben kömmt, das Land nothwendig in dieser Gegend grade in Osten am nächsten zu vermuthen sey.

4) Daß wenn man 56 Grad nordlicher Breite passire, kein Treibeiß, folglich auch kein Hinderniß mehr von demselben zu befürchten seyn könne.

Man nahm vielmehr fälschlich an, dieses Eiß komme vom Tschuktschischen Vorgebürge her, und würde also, falls man sich zu nordlich wendete, oder gar die Untersuchung

chung dem Tschuktschischen Vorgebürge gegen über, allwo jedermann Amerika am nächsten zu seyn glaubte, anstellen wollte, im Junius und Julius die Schiffarth hindern. Daher wurde beym Auslaufen beschlossen den Curs allmählig zwischen Osten und Süden zu nehmen, damit man nach etwan 20 Graden veränderter Länge von Awatscha, auf 45 bis 46 Graden nordlicher Breite, das von den Holländern entdeckte, vorgebliche Compagnieland entdecken könnte, von wannen man denn sicherlich glaubte Amerika oder die von Gama in der Nähe angegebne, nach Westen auslaufende Küsten von Amerika leichter entdecken zu können. Wofern man aber das Land auf diesem Curs nicht anliefe, wollte man weiter zwischen Osten und Norden fortgehn, und sich immer mehr nordwärts wenden, da man denn dort gegen das Mittel des Julius die See von allem Eise gereinigt zu finden und keine Zeit vergebens verlieren zu dürfen sich Hoffnung machte. Würde man alsdenn Amerika erreicht haben, so wollte man dessen Küste nach Norden so weit verfolgen, bis man auf die Parallel von 64 bis 66 Graden käme, in welcher Gegend die äußerste Spitze Asiens oder das Tschuktschische Vorgebürge befindlich sey, gegen welches man sich denn westlich wenden, und nach Erforschung des Abstandes zwischen beyden Welttheilen in Norden, sich zur Rückreise nach dem Hafen fertig machen wollte. Doch wurde in Ansehung der Winde und Entfernung die nöthige Cautel vorausgesetzt, daß man das Land nur so lange verfolgen wolle, als es die Zeit zulassen würde, um noch gegen Ausgangs des Septembers den Hafen wiederum erreichen zu können, da man denn die rückständige Untersuchung auf das andre Jahr und eine zweyte Reise ankommen lassen wollte.

Es

Einleitung.

Es ist allerdings zwar andem, daß der Capitain-Commandeur Behring anfänglich fest entschlossen war einen Winter in Amerika zuzubringen und das Rückständige, was wegen Kürze des Sommers und Größe der Distanz mit einer Reise nicht abgethan worden, im Frühling von Amerika aus zu endigen, sodann aber die Rückreise anzutreten. Dadurch wäre nicht nur dem großen Ruin des Schiffsvolks, welches wegen der allzulange fortgesetzten späten Herbstreise, meist am Scorbut und vor Kälte umkam, vorgebeuget worden; sondern man hätte auch eine genaue Kundschaft des Landes und Kenntniß seiner Einwohner und Produkte erhalten, die ganze Expedition aber in der besten Ordnung und zum größten Nutzen des Reichs endigen können. Allein die Ausführung dieses Vorhabens wurde schon zuvor durch den Meister von der Flotte Chytrew und zwey Unglücksfälle unmöglich gemacht. Durch diesen wurde zuerst aller fertige Proviant an Zwiebacken vor beyde Packetböte in Ochozk 1740 an der Mündung des Ochotaflusses verlohren. Darnach mußte zweytens, der an die Stelle des vorigen nach Awatscha bestimmte Proviant an der Bolschaja reka ausgeladen werden; durch dessen Transport, der im Winter mit Hunden bewerkstelligt werden sollte, ehe noch der Anfang damit gemacht ward, die Rebellion der Koräken am Tigil entstand, indem man, um durch jeden Kopf fünf Pud Proviant nach dem Hafen zu liefern, das Volk von fünf bis sechshundert Wersten her nach Bolscherezkoi ostrog jagen wollte, wobey sie theils, durch die zu dem Ende ausgeschickte Leute allzu hart begegnet wurden, theils auch auf die Gedanken gerathen mußten, als ob es auf etwas anders angesehen sey. — Durch diese Umstände sahe sich denn der Capitain-Commandeur sowohl, als die übrigen Offiziere genöthigt, um nicht Mangel zu leiden, zwey besondre Reisen zu Ausführung

des

des Projekts zu bestimmen, da ohnehin durch die Unter=
suchung der Rebellen und die von dem Kamtschatkischen
Befehlshaber Kolessow, wegen beständiger Völlerey,
verursachte Hindernisse machten, daß man nicht eher als
zu Anfang des Junius aus dem Hafen S. Petri und
Pauli auslaufen konnte, statt daß sonst der Maimonat
dazu bequem und bestimmt war.

Beschreibung der Seereise von Kamtschatka nach Amerika.

Zu Ende des Maimonats des 1741sten Jahres war endlich alles Nöthige zur amerikanischen Reise veranstaltet, und also legten sich den 29sten Mai die beyden Paketbote S. Peter und S. Paul aus dem Hafen auf die Rhede des Awatschischen Meerbusens, zum völligen Ausläuf dienlichen Wind erwartend vor Anker. Auf dem S. Peter, welchen ich mit bestieg, befanden sich der Herr Capitain-Commandeur Behring, als Chef, der Lieutnant Waxel, der Meister Chytrew, Steuermann Heßelberg, Untersteuermann Juschin, der Unter-Chirurgus Betge, der Unter-Constabel Rosenius, ein Guarde-marin Sind, der Botsmann Nils Jansen, der Unterschiffer Charainzow, Commissar Lagunof, der Conductor Plenisner: die übrige Mannschaft, nehmlich Matrosen, Soldaten, fünf Mann Kamtschatkischer Kasakensöhne, als neu angehende Matrosen, Dollmetscher und Leute denen alle Stellen des Kamtschatkischen Ufers bekannt seyn sollten, und worunter einer als Schütze in meinen Diensten war, machten in allem, nebst des Lieutnants Sohn 76. Köpfe aus. — Auf dem andern Paketbot S. Paul befanden sich der Capitain Tschirikow, die Lieutnants Tschegatschef und Plautin, der Professor der Sternkunde La Croyere Delisle, der Meister Dementiew, Steuermann Jelagin, ein

Guarde-marin, ein Commiſſär, der Unter-Chirurgus Lau und an Matroſen, Soldaten, wie auch Kamtſchatkiſchen Kaſakenſöhnen ebenfalls 76 Mann.

Den 4ten Junius liefen wir endlich gegen neun Uhr aus dem Awatſchiſchen Meerbuſen in die See und traten die würkliche Reiſe bey günſtigem Wind und Wetter an. Wir ſegelten bey Südweſt und Südweſtwinden auf dem angefangnen OSO. und SOzO. Curs dergeſtalt fort, daß wir den achten Tag unſrer Reiſe, als den 11ten Junius uns hundert und fünf und funfzig holländiſche Meilen, von Awatſcha, auf der Breite von 46 Graden 47 Minuten befanden.

Den 12ten Junius hatte man zum erſtenmale nicht geringe Spuren von einen von uns in Süden oder Südoſten liegenden Lande. Man ſahe bey ganz abgeſtillter See verſchiedne Seegewächſe, ſonderlich die Meereiche, auf einmal in Menge um unſer Fahrzeug treiben, die ſich nie ſehr von den Küſten zu entfernen pflegen, indem die Ebbe ſolche immer wieder gegen das Land treibt. So ſahe man auch Seemöwen, die großen Möwen (Diomedea exulans) und auf Kamtſchatka ſogenannte Klipp-Enten (Anas hiſtrionica), alles Vögel welche nie auf ofner See oder gar zu weit vom Lande geſehen werden. Aus dieſem allen war zu vermuthen, daß wo man den angefangnen Curs noch weiter fortſetzen ſollte, man in Kurzen auf Land anlaufen müßte. Allein eben zu der Zeit, da man ſich vernünftiger Vorſtellungen zu Erhaltung des erwünſchten Endzwecks am meiſten hätte bedienen ſollen, nahm das unordentliche Verfahren der Seeoffizier ſeinen Anfang. Man fing an alles höhniſch auszulachen und in Wind zu ſchlagen was von keinen Seemann ausgeſprochen wurde, gleich als ob mit den Regeln zur Navigation alle andre Wiſſenſchaften und Vernunftſchlüſſe zugleich erlernt würden. Und da der ganzen Sache ein

einiger

einiger Tag hätte den Ausschlag geben können, deren man doch nachmals so viele vergeblich zugebracht hat, so wendete man sich mit einmal gegen Norden, auf welchem Curs man zum erstenmal einen kleinen Sturm auszustehen hatte, und die erste Fatalität sich zutrug, da nehmlich, wegen des neblichten und trüben Wetters, das andre Paketbot S. Paul unter den Befehlen des Capitains Tschirikof sich von uns verlohr und auch nachmals auf der ganzen Reise nicht wieder gesehen ward. — Weil auch eben damals der Anfang zu Ausführung eines andern Vornehmens gemacht worden, nehmlich den beständig in der Cajüte sich aufhaltenden Capitain-Commandeur nicht mehr wissen zu lassen, als man vor rathsam erachtete; so ereignete sich der andre Unfall, daß man verschiedner Leuten Vorgeben, welche in Norden Land gesehen zu haben vermeynten; ohngeachtet es wo nicht ohnfehlbar, doch gewiß sehr wahrscheinlich schien, weder annahm, noch einiger Ueberlegung würdig achtete, bis man auf der Rückreise den 24sten August Land auf dem 51sten Grad unverhofft und zu Aller Schrecken ansichtig wurde, und sich da die Stimmen der Reuenden allzuspät hören ließen. Dieses wäre, vermöge der geführten Rechnung, das Land, wo man den Capitain Tschirikof verlohren; und war es schon dazumal Einigen vorgekommen, als ob sie Land gesehen hätten, welches doch dazumal nur vor Kleinigkeiten geachtet wurde, weil es keiner von denen Seeoffizieren selbst bemerkt hatte, diese auch damals vor eine größere Ehre hielten das Land weiter anzulaufen, um sich alsdenn rühmen zu können sehr weit gewesen zu seyn und vieles unnöthige ausgestanden zu haben.

Nachdem man einige Tage vergeblich das verlohrne Paketbot aufgesuchet, aber die fernere Hoffnung, solches anzutreffen, verlohren gieng, man wieder vom 50sten bis zum 46sten Grad nach Süden, in der Hofnung den S. Paul oder das Compagnieland auf diesem Curs wahrzunehmen; allein da beides fehlschlug, und man die Ankunft des Compagnielandes nun zum zweitenmale vergeblich gewartet, solches aber niemals sich auf der verlangten Stelle eingefunden, so ward selbiges durch einen unvermeidlichen Schluß vor ein erdichtetes Land, — und Erfindung der Nürnbergischen Chartenmacher gehalten, über welches entweder unser Bot oder der Capitain Spangberg nothwendig gesegelt seyn müßten, wenn es vorhanden wäre. Gleich als ob diese Herren einen ebenmäßigen geographischen Fehler begehen zu können sich schon dadurch verdächtig gemacht hätten, daß einer auf der Charte des Globus unsern Curs in der See vor Canada bemerkte, ein andrer Canton auf 45 Graden, und die maldivischen Inseln in der mittelländischen See zu liegen, gegen mich mit aller Gewalt behauptete. — Man fieng also nun an gedachtes Compagnieland gänzlich in den Wind zu schlagen, obgleich man keine andre Ursache, so weit südlich zu gehen, gehabt haben konnte, als solches ernstlich zu suchen; und den 18ten Junius ward im Ernst der Anfang gemacht, gegen Osten und allmählig aufwärts gen Norden zu gehen, dergestalt daß man auf zwey bis drey Grade der Länge allezeit einen Grad nach der Breite veränderte.

Sobald man nun auf diesem Curs binnen etlichen Tagen abermals auf die Breite von 52 Graden gekommen war, fanden sich abermals sehr viele Anzeichen eines in der Nähe von uns in Norden gelegnen Landes ein, unter welchem wir gerade vier Wochen, bis auf den 18 Julius, dergestalt fortliefen, daß wir an bemeldetem Tage, da wir zum erstenmal das Land wirklich erblickten auf 59 Graden und einige Minuten nordlicher Breite und 49° in der Länge von Awatscha, folglich beynahe 500 holländische Meilen entfernt waren.

Man

Man wundere sich nicht, daß ich die Begebenheiten einer vierwöchentlichen Reise, auf einem so großen Abstand dergestalt kurz abgehandelt habe. Die Ursache ist, weil man, bey beständig günstigem Wind und Wetter nur immer fortlief, nichts als Himmel und Wasser sahe und von den Officieren nur Ausrufungen und Bewunderungsausdrücke hörte: wie man sich so gröblich geirrt habe, da man Kamschatka durch einen engen Canal von Amerika abgesondert zu seyn geglaubt, welches man doch jetzo so weit abgelegen befinde. — Die unbescheidne und gantz gemeine Abfertigungen derer Herrn Officier, die alle gründliche und zur Zeit angebrachte Erinnerungen und Vorschläge grob und höhnisch verwarfen, und sich bedünkten noch auf dem Proviantransport von Jakuzk nach Ochozk mit Kasaken und armen Exulanten zu thun zu haben, die schlechterdings gehorsamen und ohne Widerrede schweigen müssen, verursachte, daß sowohl mir als andern der Mund schon längst gestopft war. Bey allem dem so wir sahen, und zur allgemeinen Wohlfarth, auch dem öffentlichen Interesse zum Besten nützliches erörtern konnten, war immer rund heraus die Antwort: Sie verstehn es nicht; Sie sind ja kein Seemann; Sie sind nicht in Gottes Rathstube gewesen! — Und hatte ich hier zum erstenmal die betrübte Gelegenheit zu sehen, wie es zugeht, daß oft bey aller angewandten Mühe und grossen Kosten, bey Darreichung aller möglichen Hülfsmittel, die größten und nützlichsten Unternehmungen am Ende, was das Interesse anbelangt, vielmal kleiner ausfallen, als sie anfangs im Projekt zugeschnitten waren; da hingegen sonst bey gemeinschaftlicher und ernstlicher Verbindung in Rath und That unter Gemüthern, die von allen eigennützigen Absichten und Vortheilen entfernt sind, die kleinsten Anfänge in der Ausführung zu mächtigen Vortheilen gedeyen, die ihren Vorschuß mit tausendfältigem Nutzen belohnen. — Hier kann man nicht anders sagen, als daß die mehresten unsrer Officiere binnen der zehn Jahre, da ein jeder in Sibirien nach seinem Willkühr gelebt, und sich so viel Rang und Ehre beym unwissenden Pöbel zugelegt und erhalten, als seinen Absichten gemäß gewesen, sich gänzlich vergessen, und durch die Gewohnheit in den Wahn gerathen, untrügbar oder höchst beleidigt zu seyn, sobald jemand etwas gesagt, das ihm unbekannt seyn sollte. Auch der Capitain Spangberg kann hiervon einen klaren Beweiß abgeben, da er sich gegen die von der Academie der Wissenschaften Abgeordnete gleichergestalt aufgeführet.

Ich will hier diejenigen Gründe, woraus ich so lange Zeit geschlossen, daß wir unter und längst dem Lande segelten, einem jeden zur vernünftigen Beurtheilung vorlegen, so wie ich dieselben auf unsrer Reise zu vielenmalen denen See=Officiern vergebens vorgestellt habe: Man sahe zum öftern und manchmal haufenweis allerley Seegewächse (Fucos) aus Norden hertreiben, namentlich Seeichen (Quercus marina), die Algam dentatam Raji, welche auf zwey bis drey Fuß tief Wasser auf den Steinen zu wachsen pflegen; Fucos membranaceos calyciformes schon aufgesprungen, welches ein gewisses Kennzeichen, daß sie schon eine Zeitlang am Lande gelegen, und von der Fluth wieder fortgeführt worden; den Fucum clavae effigie *) der in zwey Faden Wasser, aber nirgend um Kamtschatka zu wachsen pflegt; den Fucum lapathi sanguinei foliis *Tournef.* der doch wegen seiner Zärtlichkeit, wenn er lange in der See hätte treiben müssen, schon zerrissen oder von den Seethieren wäre gefressen gewesen, die man beständig in Menge sahe, und die darnach sehr begierig sind. So sahe man auch weisse und rothe Seenesseln (Priapi *Lin.*), die an den Klippen, bey niedriger See wenigstens auf fünf bis sechs Fuß

Wasser

---

*) Gmel. hist. Fucorum.

Waſſer feſtſitzen, und wie ich in der Penſchiniſchen See davon die Erfahrung gemacht habe, nie ehe geſehen werden, bis man ſich der Küſte auf 15 bis 20 Meilen genähert hat. — Sogar geſchahe es, daß einſtmahls eine groſſe Menge von dem auf Kamtſchatka gemeinen groſſen Schilfgraſe*) angeſchwommen kam, welches ein untrügliches Merkmal einer nahen Küſte war, weil dieſes Graß allenthalben an den Ufern der See, ſowohl auf Kamtſchatka als Amerika, wächſt, und wegen ſeiner glatten Halme längſt auseinander getrieben worden wäre, wo es nicht unmittelbar, durch den Strom, vom Lande zu uns wäre gebracht worden. Mehrerer vegetabiliſcher Dinge, ſo von Tage zu Tage und von Stunde zu Stunde in meinem Tagebuch aufgemerkt worden, nicht zu gedenken.

Wenn nun dergleichen unverwerfliche Merkmale eines nahen Landes, mit Vernunft, größter Beſcheidenheit und Geduld, dem See-Commando vorgelegt wurden, und man ihnen rieth den Curs, um eher Land zu machen, nordlich zu richten, auch der Capitain-Commandeur jederzeit ſelbſt dieſer Meynung vor ſich geweſen, ſich aber von denen übrigen Officieren überſtimmt, und ohne Noth, ſeines Characters und Macht ungeachtet, zum Nachgeben genöthigt ſahe; ſo war es ihm, ſo wie den übrigen Officieren lächerlich, verächtlich und verdrüßlich ſolches von mir, als einem im Seeweſen nicht erfahrnen, anzunehmen, ſo daß er mir ſchlechterdings zu antworten pflegte, ich verſtünde davon nicht zu urtheilen, man finde an vielen Orten des Oceans die ganze See mit Kräutern bewachſen, was ich denn dazu ſagen wollte. Und da half es nichts, wenn ich gleich einwendete, daß mir dieſes ſo wenig unbekannt ſey, als die Stellen um das Capoverde und die Bermudiſchen Inſeln, wo dieſe mir
auch

---

*) Gramen paniculatum arundinaceum, panicula denſa ſpadicea *Stell.*

auch dem Namen nach wohl bewußten Seepflanzen' herumtrieben; wie auch daß mir die Ursach wissend sey, warum in diesen Gegenden Pflanzen wachsen könnten, aber nicht in diesen nördlichen Gegenden, wo wegen verschiedner Würkung der Sonne das Seewasser einen ganz andern Gehalt hatte; und endlich daß auch deren Natur, und die Art und Weise, wie jene dahin versezt würden, kein Geheimniß sey.

Jedem schien lächerlich und unglaublich, daß man eine Strömung *) in der See statuiren sollte, ob man gleich deren Würkungen deutlich wahrnahm, da die auf der See schwimmenden Dinge eine richtige Direktion, auch oft denen Winden entgegen hielten, so daß bey den Südwest oder Südostwinden, welche wir hatten, diese Dinge aus Norden auf uns zutrieben. Wegen dieser Ungläubigkeit wurde auch, weder auf der Hin=noch Herreise, die nöthige Vorsicht, so man der Strömungen wegen in der Schifrechnung zu beobachten hat, gebraucht; daß sich folglich aus Sicherheit viele Unrichtigkeiten wegen des Abstandes zwischen beiden Welttheilen können eingeschlichen haben. Und doch sahe man auf der Rückreise nachmals mit Augen, wie man vorher oft und fast beständig unter dem Lande gelaufen, wie die See voll Inseln und folglich dergleichen Ströme wohl möglich gewesen, ja daß auch die Rechnung selbst gefehlet.

Ein andrer Grund, woraus unfehlbar zu schliessen war, daß wir unter dem Lande und nicht weit davon waren, gaben die öftern Erscheinungen der Seethiere, welche

---

*) Eben diese Strömung aber hätte auch bey den übrigen Umständen dem seel. Steller den Gedanken rege machen sollen, daß selbige nicht von einer zusammenhängenden Küste eines festen Landes her, sondern aus einem Canal, oder mehrern zwischen Inseln befindlichen Engen kam. A.

che in freier See nicht gewöhnlich sind. Bekannt ist, daß die Seehunde am Herzen das sogenannte Foramen ovale, ingleichen den ductum arteriosum Botalli offen haben, vermöge dessen sie eine lange Zeit unter Wasser bleiben, und als fischfressende Thiere ihre Nahrung in der See aller Orten, auch in weiter Entfernung vom Lande haben können. Dennoch hat man beobachtet, daß sich dieselben selten zehn Meilen vom Lande, niemals aber über Zwanzig entfernen. Da wir nun zu vielenmälen Seehunde ansichtig wurden, so hätte man leicht errathen können, daß Land in der Nähe seyn müßte.

Einen noch stärkern Beweisgrund gab uns die beständige Erscheinung der Kamtschatkischen Seebiber *) oder vielmehr Seeötter, weil dieses Thier einig und allein seine Nahrung von Seekrebsen und Schalthieren hat, und wegen der Structur seines Herzens nicht über zwey Minuten, ohne Luft zu schöpfen, unterm Wasser aushalten kann, sich dahero beständig nahe um das Land aufzuhalten genöthiget ist, indem es seine Nahrung auf einer Tiefe von sechzig bis hundert Faden nicht mehr suchen kann, noch auch finden würde, wenn es gleich könnte. Diesem zu folge war ja unfehlbar die Nähe des Landes zu schliessen, und habe ich dieses allezeit vor den stärksten Beweis gehalten, daß Amerika dem Kamtschatkischen Ufer von 51 bis 56 Graden gegen über im Osten am nächsten sey; weil man obgedachtes Thier auf Kamtschatka nur in dieser Breite, in dem daher also genannten Biebermeere, aber nicht nördlicher und auch nicht südlicher findet **). Es wäre ja sonst kein Grund anzugeben, warum die Seebiber nicht auch auf 57 bis 58 Graden um Olutoden

*) Lutris *Lin.*

*) Die nunmehro entdeckte Kette von Inseln ist ein wahrscheinlicherer Grund dieser Ueberkunft derer Seeottern aus den Amerikanischen Gewässern an die Kamtschatkische hier bestimmte Küste. A.

ra, oder auf 49 und 50° an den entferntern Kurilischen Eylanden gefunden wurden, da wir selbige doch beynahe auf 60 Graden am Cap Eliä auf Amerika angetroffen, auch bekannt ist, daß sie sich sogar auf zehn Grad an den Amerikanischen Küsten, und sogar in Brasilien befinden, wo sie Markgraf beschrieben hat. Nehmlich es ist der Seebiber ein Amerika eigenthümliches Thier, und nur ein Ankömmling und Fremdling auf Kamtschatka; wegen der breiten See und Mangel der Nahrung kann es über 56 Grad Nordlich und unter 50 Grad Süderbreite, vermöge seiner Natur nicht überkommen, sondern allein nur durch das sogenannte Bibermeer, wo es in gerader Linie nicht über 20 Meilen von Ufer zu Ufer haben mag; ein Weg den es in sechs und dreyßig Stunden, ohne vom Hunger zu leiden, füglich zurücklegen kann.

Noch ferner sahen wir zu verschiednen Zeiten ganze Schwärme Meven auf der See sitzen, welche sich doch, besonders im Junius, beständig nahe zu den Ufern zu halten pflegen, wo die Fische aus der See gegen das Land und die Flüsse am häufigsten aufsteigen, und ihnen die reichlichste Nahrung geben. Wir sahen auch diese Mewen allezeit Nordlich oder Nordwestlich fliegen bis sie sich aus unserm Gesicht verlohren. Wie leicht und nöthig wäre es daher nicht gewesen sich durch ein paar Stunden Seegelns nach Norden des Grundes oder Ungrundes einer so handgreiflichen Muthmassung, über die Gegenwart des Landes zu versichern, zumal da die beständigen Nebel nicht über etliche Meilen dem Auge auszuschweifen vergönnten. die Winde uns hingegen auf der Hinreise dergestalt günstig waren, daß wir sie zu Ausführung eines grossen Unternehmens nicht besser wünschen konnten.

Ich übergehe mehrere Umstände, die zu Muthmassungen Gelegenheit genug gaben. Aber anstatt daß andre

Seefahrende, die auf Entdeckungen aus sind, wie man aus den Reisebeschreibungen ersieht, auf alle Kleinigkeiten Acht haben, und selbige zu nutzen suchen; so wurden hier hingegen die größten und deutlichsten Kennzeichen und klärsten Gründe aus den Augen gesetzt und in den Wind geschlagen. Und bey so gestalten Sachen erreichten wir das Land sechs Wochen nach unsrer Ausreise von Awatscha, da man solches doch mit einem Nordosten-Curs in drey oder vier Tagen, und auf den verabredeten Curs, sofern man sich erstgedachter richtiger Kennzeichen und Spuren von der Nähe des Landes hätte bedienen wollen, wenigstens binnen zehn Tagen hätte erreichen können *). Ja, es war den 16ten Julius als am Donnerstag, da man das Land zum erstenmale recht ansichtig ward, schon so gut als beschlossen, daß wo man bis zum 20sten Julius kein Land erreichte, die Rückreise nach Awatscha angetreten werden sollte, weil unser Wasservorrath schon über die Hälfte verzehrt war.

Wir sahen das Land bereits den 15ten Julius, weil ich es aber zuerst angegeben hatte, und es freylich noch nicht so merklich war, daß man es hätte in Prospekt zeichnen könen, wurde es nach alter Gewohnheit mir als eigenthümlich zugetheilt, da man es doch den andern Tag darauf, bey sehr klarem Wetter auf eben der Stelle ansichtig wurde. Das Land war an dem Ort sehr erhaben, und sahe man ein dermaßen hohes Gebürge sich durch das Land einwärts ziehn, daß man selbiges auf 16 holländische Meilen aus der See ganz klärlich sehen konnte. Ich kann mich nicht erinnern ein höheres Gebürge in ganz Sibirien und Kamtschatka gesehen zu haben. Das Ufer war allenthalben sehr zerrissen, daher hart

---

*) Man würde freylich Inseln, aber nicht das feste Land von Amerika, nach diesen Grundsätzen in der angegebenen Zeit erreicht haben.   A.

hart am festen Lande mit vielen Einbuchten und Häfen versehen.

Da ich mich einmal der Wahrheit und Unpartheilichkeit in allen Stücken zu befleißigen anheischig gemacht, kann ich nicht umhin eines Umstandes zu gedenken, der vielleicht an hohen Orten nicht möchte verschwiegen, aber anders ausgelegt werden, als es sich in der That verhält. — Man kann leicht errathen, wie freudig alle und jede gewesen, da man endlich das Land erblickte; niemand unterließ dem Herrn Capitain-Commandeur, dem der Ruhm der Entdeckung am meisten angieng, von allen Seiten Glück zu wünschen. Dieser aber hörte nicht nur alles sehr gleichgültig und ohne sonderliche Freude an, sondern zuckte sogar, in Gegenwart aller, nach dem Lande sehend die Schultern; welches nach diesem einige, falls der Herr Commandeur am Leben geblieben, und wider die Officiers, ihrer Aufführung wegen etwas vorzunehmen Willens gewesen wäre, ihm als ein Zeichen eines übelgesinnten Herzens auszulegen fertig waren. Aber der gute Capitain-Commandeur war an Einsicht des Zukünftigen, allen seinen Officieren weit überlegen, und ließ sich gegen mich und den Herrn **Plenisner** in der Cajüte vernehmen: „Wir meinen nun, wir haben alles „gefunden, und gehen viele mit grossen Winden schwan- „ger, aber man bedenkt nicht wo wir das Land angelau- „fen, wie weit wir nach Hause haben, und was sich noch „zutragen kann; wer weiß ob nicht Passatwinde einfal- „len, die uns nicht zurück lassen. Das Land kennen „wir nicht; mit Proviant zum überwintern sind wir auch „nicht versehen!" — Nicht weniges Vergnügen hatte man nunmehro, da wir unterm Lande waren, und die mit sich streitenden Affekten der hohen Einbildung von sich und künftigen Belohnungen, und die pathetischen Reden anzuhören. Einige wollten sogleich dem Lande sich nähern und Hafens aufsuchen. Andre stellten dieses
sehr

sehr gefährlich vor. Aber ein jeder handelte vor sich, und niemand stellte dem Herrn Capitain=Commandeur etwas vor. Die Berathschlägungen und Commißion, so man am Lande sonst wegen Kleinigkeiten gepflogen, wurden hier in dem wichtigsten Geschäfte und dem Hauptpunkt der zehn Jahre gedauerten Kamtschatkischen Expedition nunmehr unterlassen, und man sahe nichts gemeinschaftliches und einiges unter uns, als daß wir in einem Fahrzeuge zusammen eingeschlossen waren.

Weil die vom 16ten Julius fortan folgende Tage mehr Merkwürdiges, als die vorhergehenden sechs Wochen, enthalten, so werde ich nunmehro meine Erzählung nach jedes Tages Begebenheit fortsetzen.

Den 17ten näherten wir uns, wegen gelinden Windes ganz allmählig dem Lande. Den 18ten, als am Sonnabend, kamen wir gegen Abend dem Lande so nahe, daß man die schönen hart an der See gelegnen Waldungen, wie nicht minder die grossen Ebnen unter dem Geburge landeinwärts, mit größtem Vergnügen betrachten konnte. Das Ufer selbst war flach, eben, und so viel man wahrnehmen konnte, sandig. Wir liessen aber das feste Land zur rechten, und giengen nordwestlich, um hinter eine hohe Insel zu kommen, welche aus einem einzelnen Geburge bestand, und mit lauter Tannenwaldung versehen war. Dieses mußte, wegen widrigen Windes mit lauter Laviren geschehen, womit wir die folgende Nacht zubrachten.

Am Sonntag den 19ten, befanden wir uns dem nordwestlichen Ende der Insel gegen über auf zwey Meilen. Diesen Morgen ereignete sich wiederum eine kleine Streitigkeit. Man sahe schon Tages zuvor den Canal zwischen dem festen Lande und der Insul, und ich hatte dabey sogleich die Gedanken, daß sich darinnen ein merklich grosser Strom vom Lande ergösse, dessen Strömung man auf zwey Meilen vom Lande wahrnehmen, und den

Unter=

Unterschied des Wassers sehr klärlich, theils aus den mit antreibenden Subjecten, theils aus der geringern Salzigkeit schliessen konnte; folglich war meine Meynung, daß man hätte versuchen können in diesen Canal einzulaufen; wo man eben so sicher, wo nicht noch weit besser hätte vor Anker stehen können, als an demjenigen Ort, wo es den 20sten unter der Insel beliebt wurde. Ja man hätte in der Mündung des Flusses, der groß genug und also vermuthlich auch tief genug war, einen Hafen vor unser neun Fuß tief gehendes Fahrzeug finden können. Allein die Antwort, welche ich davon trug, war: ob ich schon da gewesen und dessen versichert wäre? da doch in ungewissen Dingen besser ist etwas aus dem geringsten Schein, als ohne allen Grund, bloß auf gut Glück zu unternehmen.

Diesen Tag brachte man mit laviren zu um der Insel nahe zu kommen, und in die große Einbucht so man von fernen ersahe, und zugleich unter das Land zu gelangen; welches denn auch mit dem größten Schrecken vollzogen wurde, da wir am Montag, als den 20sten, zwischen lauter Inseln, vor Anker zu stehen kamen, wovon die äuserste, weil man darunter am Eliastage zu stehen kam, Cap Eliä heissen mußte. Denn die Officier wollten ja durchaus ein Cap auf ihrer Charte haben, ohnerachtet man ihnen noch so deutlich vorstellte, daß eine Insel kein Cap könne genannt werden, sondern nur eine merkliche Auslängung des festen Landes in der See, bey einer merklichen Richtung der Küste nach gewissen Gegenden, also könne benennt werden, wie es auch die rußische gleichdeutige Benennung Nos (Nase) mit sich bringt; da denn in diesem Fall die Insel nicht anders als einen abgehauenen Kopf und abgeschnittne Nase vorstellte.

Nun hätte sowohl die Ordnung, als die Wichtigkeit der Sache erfordert, daß man einmüthiglich erwägen sollte,

sollte, was zu thun sey, und wie man sich der Zeit und Gelegenheit zum besten Vortheil bedienen, was man am Lande erkundigen, und wie man dabey verfahren könnte; ferner auch, ob man in Ansehung der Zeit und des Proviants, wie auch der Entfernung, bey der schon späten Jahrszeit fortfahren sollte das Land zu verfolgen, oder ob man überwintern, oder endlich den graden Weg nach Hause suchen sollte. Aber alles dieses wurde keiner Commißion würdig gehalten, sondern ein jeder schwieg vor sich und that vor sich was er wollte. Nur in diesem war jederman einstimmig, daß man frisch Wasser einnehmen sollte; daher ich mich nicht enthalten konnte zu sagen, wir wären nur um Amerikanisch Wasser nach Asien überzubringen gekommen *). Ueberdem wurde vor genehm gehalten, daß da man das kleine Jelbot zum Transport des Wassers anwendete, das gröſsere dem Meister Chytrew mit genugsamer Mannschaft und Ammunition sollte übergeben werden, um das Land zu erkundigen, als wozu er die meiste Geschicklichkeit besaß. Als ich nun begehrte, daß man mich mit dem Meister Chytrew zugleich abfertigen sollte, weil dieser doch nicht alles allein wußte, auch selbst darum bat; so wurde solches abgeschlagen. Man suchte mir erst mit Erzählung grausamer Mordgeschichte angst zu machen, und weil ich erwiederte, daß ich niemals so weibisch gewesen mich vor Gefahren zu fürchten, auch gar nicht rathen könne, warum man mich nicht nach dem Lande lassen wollte, da doch dieses mein Hauptwerk, Beruf und Schuldigkeit, auch
mein

---

*) Es ist unbegreiflich, daß an keine ernstliche Untersuchung und Besitznehmung des entdeckten Landes hat gedacht werden wollen; und fast sollte man muthmaſsen, daß die ertheilte allgemeine Instruction unzulänglich gewesen seyn müsse, oder daß in so entfernten Gegenden alle Subordination und Furcht verschwunden. A.

mein fester Wille sey, der Krone wie bisher, also auch ferner nach Vermögen zu dienen; ja daß ich, wo man mich aus nachtheiligen Absichten nicht ablassen wollte, dieses Verfahren unter dem verdienten Titel angeben würde: so nannte man mich einen wilden Menschen, der sich auch nicht durch Bewirthung mit Chocolate, die eben damals in der Arbeit war, von Verrichtungen wollte abhalten lassen. Weil ich nun sahe, daß man mich mit Gewalt und wider meinen Willen zu unverantwortlicher Verabsäumung meiner Dienste zwingen wollte, sezte ich endlich alle Achtung aus den Augen, und betete ein besondres Gebet, wodurch sich der Herr Commandeur sogleich erweichen ließ, mich mit den Wasserträgern, ohne die geringste Hülfe, und ohne einen Menschen, als den Casaken Thomas Lepechin, so ich selbst mitgenommen hatte, zuzugeben, nach dem Lande fahren zu lassen. Beym Abschiede vom Fahrzeug machte er noch eine Probe, wie weit ich Schimpf und Ernst verstünde, indem er mir mit Trompeten nachblasen ließ; da ich denn ohne mich zu bedenken die Sache eben so annahm, als sie befohlen war. Ich sahe jezt mehr als zu klar, warum man mich mitzureisen hatte überreden wollen. Ich sollte nemlich mit meiner Person einen Punkt der Instruction ausfüllen, auf welchen man sonst die Antwort schuldig geblieben wäre, nemlich was die Untersuchung der Mineralien durch gewisse, dazu bestandne Personen anbelangte. Dergleichen Leute aus Catrinenburg zu fordern hatte man nun seit acht Jahren vergessen, und der in Ochozk sich aufhaltende Probiermeister Hartepol war nach Jakuzk, den Capitain Spangberg zu begleiten abgelassen, so daß man ihn bey der Abreise nicht mitnehmen konnte. So sollte ich auch, nur dem Namen nach, der ganzen Sache ein größeres Ansehn geben, und übrigens die Stelle eines Schif- und Leibarztes vertreten, weil man sich mit einem Unterwundarzt zu schlecht versehen sahe.

Die

Die Begebenheiten dieses Tages betreffen demnach vier abgesonderte Partheien; die Hälfte vom Commando mit allen Officieren, den Meister ausgenommen, blieben auf dem Fahrzeuge zur Wache, und beschäftigten sich die leeren Wasserfässer aus-, und die dagegen angefüllten einzuladen. Mit einem andern Theil wurde ich nach dem Wasser abgefertigt, um wäßrige Beobachtungen zu machen, da andre dagegen nach Windigen aus waren.

Sobald ich nur unter der Bedeckung und Hülfe von meinen einigen Kasaken auf der Insel am Lande war, und wohl einsahe, daß die Zeit theuer und kostbar sey, wendete ich alle Vortheile an, um in möglichster Eil so viel zu thun, als immer möglich war. Ich richtete sogleich meinen Weg gegen das feste Land zu, um Menschen und Wohnungen zu entdecken. Kaum war ich eine Werst längst dem Ufer hingegangen, als ich auf einer Stelle Kennzeichen von Einwohnern und ihrer Beschaffenheit antraf. Ich fand unter einem Baum einen alten abgehauenen Stamm, wie ein Trog ausgehöhlt, darinnen die Wilden vor ein Paar Stunden, in Ermanglung an Kessel und Geschirr, nach vormaliger Kamtschadalischer Art, Fleisch mit glühenden Steinen gekocht hatten, und lagen die Knochen, deren einige den Merkmalen nach, mit dem daran befindlich gewesenen Fleisch, am Feuer waren gebraten worden, so wie sie gesessen hatten, herum. Ich sahe an den Knochen deutlich, daß sie von keinen See-, sondern einem Landthier gewesen, und dünkte mich ihrer Gestalt und Größe nach, sie vor Rennthierknochen erklären zu können, ohngeachtet dergleichen Thier auf der Insel nicht zu sehen, und vermuthlich vom festen Lande hieher gebracht worden war. Ausserdem lagen Ueberbleibsel von Jukola oder getrockneten Fischbrocken umher, dergleichen auf Kamtschatka bey allen Mahlzeiten statt des Brodtes dienen müssen; auch sahe man eine
grosse

grosse Menge Schalen von sehr grossen Jacobsmuscheln, über acht Zoll breit, wie auch blaue Muscheln, denen auf Kamtschatka befindlichen ähnlich, so ohne Zweifel nach hiesiger Art roh mochten verzehrt worden seyn. In verschiedenen Schalen fand ich völlig nach Kamtschatkischer Art zubereitetes süsses Kraut *) wie in Schüsseln liegen auf welches man Wasser gegossen zu haben schien, um die Süßigkeit auszuziehen. Noch entdeckte ich neben dem Baum, worauf noch die frischen Kohlen befindlich waren, auch ein hölzernes Feuerzeug, von eben der Beschaffenheit, wie die auf Kamtschatka gebräuchlichen zu seyn pflegen. Der Zunder aber, den die Kamtschadalen von einer Graßart machen, war hier verschieden, und eine Art Quellenmooß (alga fontinalis), welches von der Sonne weiß gebleicht war, und wovon ich eine Probe zum Verschicken beybehalten habe. — Aus diesem allen glaube ich schliessen zu können, daß die Bewohner dieser Amerikanischen Küste mit den Kamtschadalen einer Herkunft sind, als mit welchen sie in so besondern, und nicht einmal denen Kamtschatka nächst angränzenden sibirischen Völkern z. E. Tungusen und Koräken mitgetheilten Gebräuchen und Geräthe, wie besonders die Zubereitung des süssen Krauts ist, ganz genau übereinkommen. Ist aber dieses, so läßt sich auch vermuthen, daß Amerika sich weiter gegen Westen strecke, und dem Lande Kamtschatka gegen über, in Norden viel näher sey, weil bey einem so weiten Abstand von wenigstens 500 Meilen, den unsre Fahrt betrug, nicht glaublich ist, daß die Kamtschadalen mit ihren elenden Fahrzeugen hätten dahin gelangen können.

Die abgehauenen Bäume, so ich hier und dar antraf, waren dergestalt durch viele stumpfe Hiebe zerhauen, daß muthmaßlich die Fällung des Holzes bey diesen Wilden,

---

*) Slatkaja Trawa, sind die geschälten, und im trocknen zuckrigt ausschlagenden Stengel.

den, eben wie auf Kamtschatka, mit steinernen oder knöchernen Beilen verrichtet seyn möchte, dergleichen auch die Teutschen in uralten Zeiten gebraucht haben, so wie man sie jezt unter dem Namen der Donnerkeile kennt.

Nachdem ich dieses alles kürzlich angesehen, sezte ich meinen Weg weiter fort, und fand nach Zurücklegung ohngefähr dreyer Werste einen Weg, der in den hart ans Ufer stoßenden sehr dicken und finstern Wald führte. Ich hielt einen kurzen Rath mit meinem Kasaken, der ein geladnes Rohr, nebst einem Messer und Beil hatte, wie wir zu Werke gehen wollten, wenn wir einen oder mehrere Menschen antreffen würden, und befahl ihm nicht das geringste ohne meinen Befehl vorzunehmen. Ich selbst war nur mit einer Jakutischen Palma (Dolch) versehn, der mir zu Ausgrabung der Steine und Vegetabilien dienen sollte. Sobald wir den Weg einschlugen, merkte ich, daß ihn die Wilden hatten verdecken wollen, aber durch unsre schleunige Ankunft daran verhindert worden wären, und denselben dadurch noch merklicher gemacht hatten. Wir sahen viele Bäume ohnlängst ihrer Rinde beraubt, wovon wir muthmaßten, daß sie solche zu Wohnungen oder Ambaren müßten gebraucht haben, und daß solche in der Nähe seyn müßten, weil es, wo wir nur hinsahen, an schönen Waldungen keineswegs fehlte. Da sich aber der erstere Weg in viele kleine durch den Wald vertheilte, untersuchten wir einige nicht gar zu weit in den Wald, und kamen nach einer halben Stunde an einen Ort, der mit abgeschnittnen Grase bestreut war. Ich räumte sogleich das Graß weg, und fand darunter ein Verdeck von Steinen; nachdem auch dieses bey Seite geschaft war, kamen wir auf Baumrinden, welche in ein länglichtes Quadrat von drey Faden in die Länge und zwey in die Breite, über Stangen gelegt waren. Diese bedeckten einen zwey Faden tief gegrabnen Keller, darinn folgende Dinge befindlich waren:

C 1) Lu=

1) **Lukoschken** oder aus Baumrinden gemachte Gefäße, anderthalb Ellen hoch, so alle mit geräuchertem Fisch von einer Kamtschatkischen Layforte, die in Ochozk auf Tungusisch **Sterka** auf Kamtschatkisch aber mit dem allgemeinen Namen Krasna ryba benennt wird, angefüllt waren;

2) eine Parthey Slatka Trawa oder Süßkraut, woraus auf Kamtschatka Brantwein gebrannt wird, dergestalt reinlich und wohl zugerichtet, daß ich sie nie auf Kamtschatka so gut gesehen, wie sie denn auch die Kamtschatkische an Geschmack weit übertraf;

3) verschiedne Sorten von Gräß von der Rinde wie Hanf gesäubert, welches ich vor Nesseln hielt, die hier im Ueberfluß wuchsen, und vielleicht eben, wie auf Kamtschatka zu Fischnetzen gebraucht werden;

4) Getrockneter innerer Rindenbast vom Lärichen oder Fichtenbaum in Rollen zusammengewickelt und getrocknet; dergleichen nicht allein auf Kamtschatka, sondern durch ganz Sibirien, ja auch in Rußland bis nach Chlynow und sonst an der Wjatka auf ereignenden Nothfall vor den Hunger genossen werden;

5) Große Packe Riemen von Seekraut, so von ungemeiner Stärke und Festigkeit, bey angestellter Probe gefunden wurden.

Unter diesen fand ich auch einige Pfeile, so an Größe die Kamtschatkischen weit übertrafen und denen Pfeilen der Tungusen und Tataren nahe kamen, sehr glatt geschabet und schwarz angestrichen, daß man allerdings eiserne Instrumente und Messer bey ihnen vermuthen sollte.

Ob ich nun gleich, ohngeachtet der Furcht im Keller überfallen zu werden, vieles durchsuchte, fand ich jedennoch weiter nichts, nahm also zwey Bündel Fische, die Pfeile, ein hölzernes Feuerzeug, Zunder, ein Maut Riemen von Seekraut, Baumrinde und Graß zum Wahrzeichen mit mir, schickte solches durch meinen Kasaken an den Platz, wo das Wasser eingeladen wurde, mit dem Befehl solches an den Capitain-Commandeur zu bringen; wobey ich nochmals um zwey oder drey Personen, zu meiner fernern Beyhülfe in Untersuchung der Natur, bat, auch die am Lande liegenden Personen warnen ließ nicht allzu sicher, sondern wohl auf ihrer Hut zu seyn. Darauf bedeckte ich den Keller, wie er gewesen war, und verfolgte, nunmehr ganz allein, mein Vorhaben weiter, die natürlichen Merkwürdigkeiten aus den dreyen Naturreichen zu untersuchen, bis mein Kasak zurückkommen würde. Nachdem ich aber ohngefähr sechs Werste zurückgeleget, kam ich an einen steilen Felsen, der sich über das Ufer hinaus in die See so weit ausgelänget, daß es ohnmöglich war weiter zu gehn. Ich entschloß mich den Felsen zu besteigen und kam nach vieler angewandten Mühe auf denselben, sahe aber, daß er auf der östlichen Seite so steil wie eine Wand, und ohnmöglich weiter zu kommen war. Ich wandte mich daher gegen Süden, in Hoffnung auf die andre Seite der Insel zu kommen, um daselbst längst dem Ufer nach dem Canal zu gehn und meine gehabte Meynung wegen des daselbst befindlichen Flusses und Hafens zu untersuchen. Als ich aber den Berg abwärts stieg, der mit einer dicken und finstern Waldung aller Orten ohne Spur eines Weges zu finden, bewachsen war, sahe ich daß hier nicht durchzukommen war; und weil ich zugleich erwog, daß mich mein Kasak ohnmöglich würde finden können, ich auch auf alle sich ereignende Begebenheiten von allen zu weit abgesondert war, und vor Nachts nicht würde zurückkommen können,

andre

andre Gefahren zu geschweigen, die ich nicht befürchtet haben würde, wo ich nur die geringste Unterstützung von Begleitern gehabt hätte; so stieg ich den Berg wieder hinauf und sahe betrübt die meinen Untersuchungen gesetzte Gränzen nochmals an, mit inniger Wehmuth über das Verfahren derer, die das Heft in Händen hatten, in so wichtigen Dingen, wovor sie sich doch alle sowohl mit Geld und Ehre hatten belohnen lassen.

Als ich wieder auf der Spitze des Berges war und meine Augen nach dem festen Lande richtete, um wenigstens die Gegend in guten Augenschein zu nehmen, auf welcher meine Bemühungen fruchtbarer anzuwenden nicht vergönnt war, sahe ich auf einige Werste von mir, auf einen mit Tannenwald besetzten, lustigen Hügel Rauch aufsteigen; so daß ich nunmehr gewisse Hoffnung schöpfen konnte Menschen anzutreffen, und dasjenige von ihnen zu erlernen, was ich zu einer vollständigen Beschreibung nöthig hatte. Derowegen gieng ich mit größter Eil meinen Weg zurück, und kam, mit meinen Ansammlungen beladen, wieder an den Ort, wo ich ans Land gestiegen war. Ich ließ durch die Leute, welche eben mit dem Bote nach dem Fahrzeuge eilten, dem Herrn Cap. Commandeur Nachricht geben, und mir das kleine Joll, nebst etlichen Leuten auf ein Paar Stunden ausbitten. Indessen beschrieb ich am Ufer, ganz abgemattet, die rarestet Pflanzen, die ich zu verwelken besorgte, und ergötzte mich das vortrefliche Wasser daselbst im Thee versuchen zu können.

Nach etwan einer Stunde erhielt ich die patriotische und höfliche Antwort, ich sollte mich nur geschwinde nach dem Fahrzeuge packen oder man würde, ohne zu warten, mich am Lande lassen. — Ich dachte — Gott giebt uns Ort und Gelegenheit dasjenige zu thun, was jedem anbefoh=

befohlen ist, wodurch man seine Dienste am höchsten Orte empfehlen und nach langem Harren und unbeschreiblichen Kosten der Monarchin jeder seine Bestimmung erfüllen könnte; so aber werden wir wohl alle Rußland bey unsrer Abreise zum letztenmal gesehn haben, weil ich mir bey sobewandten Umständen ohnmöglich den göttlichen Beystand auf die Rückreise versprechen kann, wenn Wind und Wetter so contrair würden, als jeder von uns dem allgemeinen Endzweck, und dadurch seinem eignen Glück. — Weil aber nicht mehr Zeit zu moralisiren, sondern nur, vor unsrer Flucht vom Lande, alles Mögliche zusammen zu raffen übrig war, und es schon gegen den Abend gieng; so schickte ich meinen Kasaken, einige seltne Vögel, welche ich bemerkt hatte, zu schießen aus, ich aber machte mich noch einmal nach Westen auf die Reise und kam bey der Sonnenuntergang mit verschiednen Nachrichten und Ansammlungen zurück. — Hier ertheilte man mir nochmals den strengen Befehl, wo ich nicht diesesmal nach dem Fahrzeuge kommen würde, man weiter nicht auf mich achten könne. Demnach verfügte ich mich endlich mit dem, was ich eingesammlet hatte, nach dem Fahrzeug, und wurde jedoch, zu meiner größten Verwunderung, mit Schokolate bewirthet. —

Da ich mich vor niemanden zu bemühen Ursach gehabt, als die von meinen Bemühungen zu urtheilen fähig waren, zeigte ich zwar eins und das andre und theilte meine Gedanken über einige Dinge mit; es wurde aber davon nur ein einiger angenommen. Man schickte nehmlich einen eisernen Kessel, ein Pfund Tabak, eine Chinesische Pfeife und ein Stück Chinesisch Seidenzeug nach dem Keller, plünderte aber dagegen denselben dergestalt, daß gewiß die Leute, wenn man wieder in diese Gegend kommen sollte, noch viel schneller fliehen, oder sich eben so feindlich bezeigen würden, als man ihnen begegnet

gegnet ist; zumal wenn sie sich des Tabaks im Essen oder Trinken zu bedienen hätten einfallen lassen, dessen rechter Gebrauch ihnen vermuthlich so wenig als der Pfeifen, bekannt seyn kann. — Viel mehr Aufmerksamkeit würden bey diesen Wilden ein Paar Messer und Beile erweckt haben, deren Gebrauch ihnen sogleich in die Augen leuchten mußte. Allein man wandte ein, sie würden solche Geschenke, als ein feindliches Zeichen ansehn, als wenn man ihnen Krieg dadurch ankündigen wolle. Wie vielmehr werden sie aus dem Tabak, sonderlich bey einer unrichtigen Probe, haben schließen müssen, daß man sie vergiften wollen; dahingegen man nachmals erfahren, mit wie viel Freuden die Wilden einige Messer von dem Herrn Capitain Tschirikof entgegen genommen, und was vor ein Verlangen sie nach mehreren bezeuget.

Ich war kaum eine Stunde auf dem Fahrzeuge, da auch der Meister Chytrew mit seinem aus etwan funfzehn Mann bestehenden Commando im großen Boot anlangte und folgende Nachrichten einbrachte: Er habe zwischen den hart am festen Lande liegenden Inseln einen Hafen angetroffen, woselbst man ohne alle Gefahr stehen könne; daß er am Lande zwar keinen Menschen gesehen, doch aber eine kleine, von Holz erbaute Wohnung angetroffen, deren Wände so glatt waren, daß es schiene als seyen sie behobelt, und zwar als ob es mit schneidenden Werkzeugen geschehen sey. Er brachte aus dieser Wohnung verschiedne Wahrzeichen mit, z. E. ein hölzernes Geschirr, wie es in Rußland aus Lindenrinde verfertigt und statt Kastens gebraucht wird; einen Stein, der vielleicht, in Ermänglung besserer, zum Wetzsteine gedienet und auf welchem Streifen von Kupfer zu sehen waren, als wenn die Wilden, gleich den vormaligen Sibirischen Nationen, Schneidewerkzeuge von Kupfer führten; ferner ter eine hohle Kugel von hartgebranntem Leim von etwan zwey Zoll im Durchschnitt, mit einem darin verschlossenen Klappersteinchen, welche ich vor einen Zeitvertreib der kleinen Kinder hielt; und endlich ein Handruder, und den Schwanz von einem schwarzgrauen Fuchs.

Und dieses sind nun alle unsre Verrichtungen und Kundschaften, zwar nicht einmal vom festen Lande, als worauf niemand von uns den Fuß gesetzt, sondern nur von einer Insel die drey Meilen lang und eine halbe Meile breit schien, zum festen Lande (welches daselbst eine große mit vielen Inseln besetzte Einbucht macht) die nächste und durch einen weniger als eine halbe Meile breiten Canal davon abgesondert ist. Die einige Ursach, warum man keine Landung am festen Lande versuchet, ist ein träger Eigensinn, eine kaltsinnige Furcht vor einer Handvoll unbewehrter und noch furchtsamerer Wilden, von denen man weder Freundliches noch Feindliches vermuthen konnte, und eine feige Heimsucht gewesen, die man wohl entschuldigen zu können gedachte, sonderlich wenn man an hohem Orte so wenig auf der Malcontenten Aussage, als die Befehlshaber selbst, achten sollte. Die Zeit, welche hier zu Untersuchungen angewendet ward, hatte mit den Zurüstungen ein arithmetisches Verhältniß; zehn Jahre währete die Vorbereitung zu diesem großen Endzweck, zehn Stunden wurden zur Sache selbst gewidmet. Vom festen Lande haben wir einen Prospect auf Papier, vom Lande selbst, aus dem, was sich auf der Insul entdecken ließ, einen unvollkommnen, auf Muthmaßungen gegründeten Begriff.

Was man aus Vergleichung und Perspectivischen Untersuchungen sagen kann, möchte etwan in folgendem bestehen: — Das Amerikanische Land ist (an dieser Seite), in Ansehung des Climas, von einer merklich bessern

Beschaffenheit, als das äußerste, nordöstliche Theil von Asien; denn ohngeachtet das Land nach der See zu aller Orten, wo wir es in der Nähe und Ferne gesehen, mit erstaunlich hohen Gebürgen versehen ist, davon die mehresten auf den Gipfeln immerwährenden Schnee zeigen, so sind doch die Berge, in Vergleichung mit den asiatischen, von viel besserer Natur und Eigenschaft. Die asiatischen zeigen durchgehends zerschüttete Gebürge, so schon längst ihres Zusammenhangs beraubt, folglich wie zu Cirkulirung mineralischer Dämpfe zu loß und aller innerlichen Wärme beraubt, also auch leer von edlen Metallen sind; die Amerikanischen hingegen sind fest, nicht auf dem kahlen Gestein mit Mooß, sondern überall mit guter schwarzer Erde bedeckt, auch daher nicht, wie jene kümmerlich, zwischen den Felsentrümmern mit krüppelhaftem Gehölz, sondern bis auf die höchsten Gipfel mit den schönsten Bäumen dicht bewachsen; auch nicht mit Mooß, Sumpf- und Wasserpflänzchen, sondern mit kurzem Grase und theils fetten, theils magern Kräutern überkleidet. Die Quellen, deren ich so viele angetroffen, rieseln aus den Thälern, am Fuß der Berge hervor, und nicht überall zwischen den Felsen, oft bis auf die Gipfel der Berge, und in stockenden Gründen, wie in Sibirien. Die Gewächse kommen, sowohl auf den Spitzen der Berge, als an niedrigen Orten in meist einerley Gestalt und Größe, wegen gleich zertheilter innerlicher Wärme und Feuchte, herfür; da selbige hingegen in Asien nach dem Standplatz öfters so verschieden ausfallen, daß man aus einem Gewächs oft verschiedne Gattungen machen möchte, wenn man nicht auf diesen allgemeinen Unterschied achtet; da dasjenige was in den Thälern zwey Ellen hoch, auf den Bergen oft kaum eines halben Schuhes hoch zum Vorschein kommt. — Auf Amerika sieht man unmittelbar am Seestrand die schönsten Waldungen auf einer Breite von 60 Graden, dahingegen in Kamt-

Kamtschatka auf 51° erst zwanzig Werste von der See nur Weiden und Ellerngebüsche, und auf 30 bis 40 Birkenwälder anfangen, geschweige daß da noch Harzbäume anzutreffen seyn sollten, welche man erst sechzig Werste von der Mündung des Kamtschatkastroms landeinwärts erblickt. Auf 62° aber, z. E. von Anadirskoi ab, ist auf drey bis vierhundert Werste von der See landeinwärts kein Baum mehr anzutreffen. Ich halte dieserwegen davor, daß vom Cap Elias nordwärts bis in die siebenzig und mehr Grade lauter Land befindlich seyn müsse, welches durch seinen Schutz gegen die Nordwinde diese Fruchtbarkeit der Küste, welche gegen Osten ohnehin durch die Gebürge gedeckt ist, begünstiget. Dahingegen sind die Kamtschatkischen Ufer, besonders an der Penschinischen See den Nordwinden schlechterdings ausgesetzt; und die östliche Seite ist deswegen etwas besser mit Waldung versehen, weil sie von dem Tschukotskischen Vorgebürge Bedeckung haben. — Der milderen Temperatur wegen geschieht es auch, daß die Fische in Amerika früher aus der See aufwärts steigen als in Kamtschatka; am 20sten Julius trafen wir dort schon den Vorrath an Fischen fertig an, da eben dieser Eliastag auf Kamtschatka die Zeit bestimmt, wenn der reiche Fischfang erst angeht. Daß die Gewächse, welche auf Kamtschatka um diese Zeit erst zu blühen anfangen, hier schon mit reifen Saamen standen, ist nur ein einseitiger Beweiß, da die in nordlichen Gegenden gewöhnliche längere Tage, und auf einmal erweckte große Hitze und Dürre, dazu viel beyträgt, wie ich auch im Jahr 1740 um Jakuzk bereits wahrgenommen habe.

Was Mineralien anbelangt, so wird jeder leicht einsehen, daß es nicht meiner Unachtsamkeit und Trägheit zuzuschreiben, wenn dergleichen nicht entdeckt worden, wer nur bedenkt wie viel ein einiger Mensch, ohne Hülfe

Hülfe, in zehn Stunden auf einer kleinen Insel darin verrichten kann. Ich gestehe frey, daß ich außer Sand und grauen Felsenstein nichts angemerkt habe. Und man weiß ja, daß hart am Seestrande die Natur außer Markasiten und schweflichten Kiesen nichts zu erzeugen fähig und gewohnt ist.

An fruchttragenden Stauden und Pflanzen habe ich nur eine neue und anderer Orten unbekannte Art Himbeeren in größter Menge, doch nicht in völliger Reife angetroffen. Diese Früchte wären ihrer besondern Größe, Figur, und köstlichem Geschmack wegen wohl würdig gewesen, daß man einige Stauden davon in einem Kasten mit Erde zur Versendung nach Petersburg und fernern Fortpflanzung mit sich genommen hätte; ich kann aber nicht dafür, daß selbigen kein Raum wollte gegönnt werden, da ich selbst nunmehr, als ein Protestant zu viel Platz einnahm. — Die bekannten Beeren aber, als Chamaecerasi, rothe und schwarze Heidelbeeren, Scharbocksbeeren, Empetrum u. dergl. waren in eben der Menge als auf Kamtschatka vorhanden. Die übrigen auf Amerika gesammleten Gewächse sind von mir in einem besondern Register verzeichnet worden.

Was die Thiere anbelangt, so sich daselbst befinden und den Einwohnern mit ihrem Fleisch zur Nahrung und mit ihren Fellen zu Kleidern dienen, giebt es, so viel ich zu sehen Gelegenheit gehabt, Seehunde, große und kleine Haien, Wallfische, Seeottern die Menge, deren Auswurf ich am Lande überall häufig liegend fand; woraus sich zugleich schließen läßt, daß sich die Einwohner mit anderweitigen genugsamen Lebensmitteln versehn nicht groß darum kümmern müssen, weil diese Thiere sonst so wenig, als nunmehro in Kamtschatka, da so viele Liebhaber zu ihren Fellen sind, ans Land kommen würden. Von Landthieren habe ich, außer dem was oben von

Renn=

Rennthieren vermuthet worden, so wohl selbst, als auch Andre, schwarze und rothe Füchse zu verschiednenmalen gesehn, auch solche nicht sonderlich wild befunden, weil sie vielleicht wenig verfolgt werden. — Von Vögeln habe ich nur zweyerley bekannte wahrgenommen, nehmlich Raben und Elstern; von fremden und unbekannten hingegen sind mir über zehn verschiedne Sorten vorgekommen, welche alle wegen ihrer ganz besonders hohen Farbe sich leicht von den Europäischen und Sibirischen unterscheiden ließen. Einen einigen lieferte mir das Glück, durch meinen Schützen in die Hand, von dem ich mich erinnere eine Aehnlichkeit mit lebendigen Farben gemahlt und beschrieben, in der neuesten Beschreibung von Carolinischen Pflanzen und Vögeln die in französischer und englischer Sprache verfaßt ist und deren Verfasser mir nicht mehr einfällt, gesehen zu haben *). Dieser Vogel überzeugte mich, daß wir würklich in Amerika waren. Ich würde die Zeichnung hier beyfügen, wenn nicht selbige bey meiner Rückreise zu Fuß, von Awatscha nach Bolschaja reka, hätte zurückbleiben müssen, und also künftig wird zu übersenden seyn.

Nach diesem kurzen Abriß von dem entdeckten Lande fahre ich fort die Erzählung unsrer Reise fortzusetzen.

Den

---

*) Der selige Mann meynt das Werk des Englischen Reisenden Catesby und in dessen ersten Theil der englischen Ausgabe die 15te Platte, auf welcher der Nordamerikanische blaue Häher abgebildet ist, mit welchem der von Steller beobachtete Vogel zwar eine große Aehnlichkeit hat, doch aber eine verschiedne Gattung ist, wie aus der von Steller gegebnen Beschreibung, welche anderwärts mitgetheilt werden wird, zur Genüge erhellet. Dieser Vogel konnte also kein Wahrzeichen von Amerika abgeben. Aber demohngeachtet wird niemand zweifeln, daß Steller würklich unter Amerika gewesen ist.

Den 21sten Julius morgens zwey Stunden vor Tage stand der Herr Capitain-Commandeur wider seine Gewohnheit auf, gieng selbst aufs Verdeck und befahl die Anker zu lichten, ohne darüber zu berathschlagen. Und obgleich der Lieutnant Waxel darum ernstlich anhielt, daß man nur noch so lange vor Anker stehn möchte, bis alle Fässer, deren noch zwanzig leer waren, mit Wasser gefüllt wären, auch uns nichts als die Heimsucht zu eilen nöthigte, wurde dennoch allem ohngeachtet der Befehl vollzogen und man zog sich aus der Bucht allmählig nach der See. Man meynte hierzu Grund genug zu haben, weil der Wind eben zum Auslaufen günstig und contrair, um in den Hafen zu kommen, wehete; und war man nicht wenig vergnügt, als sich einige Tage darauf ein leichter Sturm erhob, daß man aus der Einbucht und vom Lande entfernt war. Der Herr Capitain-Commandeur legte darauf seine Meynung vor, die darin bestund: daß man wegen herannahenden Augusts, weil man des Landes, der Winde und See unkundig, mit der gemachten Entdeckung vor dieses Jahr zufrieden seyn, weiter das Land nicht verfolgen noch auch nächst unter dem Lande die Heimreise anstellen, sondern auf dem vorigen Curs zurückseegeln sollte; da man itzt ohnedem erachten könnte, daß das Land weiter nach Westen fortsetze, aber nicht wissen könne ob sich solches nicht südlicher gegen Kamtschatka erstrecke, da man denn bey Nachtzeit oder Nebel das Land blindlings anlaufen oder bey vermuthlichen Stürmen gegen den Herbst auf Eilanden in einer unbekannten See unglücklich werden könnte. Allein weil diese Entschließung nur gesprächsweise, ohne eine Commission darüber zu halten, vorgetragen worden, konnte ich, ohnerachtet die Antwort darauf nicht gehört ward, aus dem erfolgten Verfahren des Lieutnants Waxel und Meisters Chytrew deutlich schließen, daß ihnen mit diesem Vorschlag nicht gedient sey und giengen wir folglich

lich bis den 26ſten Julius immer unter dem Lande fort, weil dieſe Herren meynten, man müſſe Land immer längſt der Küſte verfolgen, anſtatt daß genug geweſen wäre, wenn man je nach Zurücklegung von hundert Werſten Verſuche ein oder zwey Grad nach Norden zu gehn machte. Dieſemnach geſchahe es daß wir den 27ſten Julius in der Nacht, bey einem kleinen Sturm, auf 60 Faden Grund kamen, welches eine Bank war, die ſich vom Lande ab in die See erſtreckte, das Land aber war zu unſerm Glück ſo weit daß es nicht geſehn wurde.

Den 28ſten und 29ſten Julius hatten wir beſtändig ſtürmiſches und naſſes Wetter, und die Zeichen des nahen Landes von allerley angetriebenen Dingen auf eben die Art, als bey der Hinreiſe; und dieſes bemerkte ich nachher beſtändig ehe und bevor wir Land zu ſehen bekamen, welches ſehr oft geſchah.

Den 30ſten und 31ſten Julius, wie auch den 1ſten Auguſt, hatten wir ſchönes klares Wetter, eine ſtille See, bey günſtigem Südoſtwind, und ſtrichen ziemlich fort. Den 1ſten um ein Uhr nach Mitternacht wurde man bey dem Looten gewahr, daß man ſich in vier Faden Waſſer befand, welches doch dem Capitain-Commandeur anders rapportirt wurde. Man zog ſich endlich bey ſtillem Wetter ſo weit vom Lande ab, daß wir auf 18 bis 20 Faden kamen, wo man das Anker fallen ließ und den Tag erwartete.

Den 2ten Auguſt Morgens ſtunden wir nur ohngefähr drey Werſte von einer ziemlich großen und mit Waldungen verſehenen Inſul. Das Wetter war ungemein angenehm und warm, Sonnenſchein und eine gänzliche Windſtille. Gegen Mittag fand ſich ein Seelöwe bey unſerm Fahrzeuge ein, der über eine halbe Stunde beſtändig um daſſelbe herumſchwamm. Ich erſuchte den
Herrn

Herrn Capitain-Commandeur mich bey so günstigem Wind und Wetter auf ein Paar Stunden mit dem kleinen Boot nach dem Lande zu lassen, um meine Verrichtungen fortzusetzen, allein wir geriethen darüber in einen kleinen Wortwechsel, so daß er endlich eine Commission desfalls anstellte, worin abgehandelt ward, daß mir ins künftige niemand vorrücken sollte, als wenn ich meiner Seits nicht verlanget meine Schuldigkeit nach allem Vermögen und bey jeder Gelegenheit eifrigst zu erfüllen; welches denn alle angelobten und ließ ich es dabey bewenden. Gegen Abend fing ich mit Angeln zwey unbekannte Fische von dem Geschlechte dererjenigen, die Scorpii Marini (Cottus) genennt werden; diese beschrieb ich sogleich und hob sie in Weingeist auf, sie sind aber bey der unglücklichen Strandung des Fahrzeugs im November, nebst vielen andern raren Ansammlungen verlohren gegangen. Gegen Abend lichteten wir die Anker und giengen die Insul vorbey nach Westen in die See.

Den 3ten August bekamen wir abermals das feste Land ins Gesicht auf der Breite von 56 Graden und sahen wir solches in N. N. W. halb W. ohngefähr vierzehn Meilen von uns, doch aber wegen der sehr hohen und mit Schnee bedeckten Berge ungemein deutlich. Wir liefen also mit östlichem Wind nach Süden, weil uns gegen Westen das Land im Wege lag, ja wir uns wie in einer Bucht befanden, da in Westen und Norden das feste Land, gegen Osten aber die Insul war, worunter wir am 2ten gestanden.

*) Den 4ten August da man nach Süden gieng bekam man endlich auch zwischen Süden und Westen sehr viele

*) Was von hier an bis zum 11ten August folgt, hat aus einer russischen Uebersetzung dieses Tagebuchs müssen genommen werden, weil in dem Original ein ganzes Blatt fehlt.

viele hohe und große, waldigte Inseln in der Nähe auf zwey bis drey Meilen von uns zu sehen, daß wir also ringsherum mit Land besetzt waren. Wo wir hinaus wollten, lag uns Land im Wege, die Winde aber, so dazumal und bis den 9ten August meist östlich oder süd-östlich waren, und uns auf dem graden Curs nach dem Lande Kamtschatka einige hundert Meilen hätten fort-bringen können, wurden nunmehro zum Hin= und Her-laviren fruchtlos angewendet.

In dieser ganzen Zeit (bis zum 9ten) sahen wir stets um uns her eine Menge von Seehunden, Seebibern, Seebären und Seelöwen (Phoca ursina und leonina), Delphine und Sturmfische; bey welcher Gelegenheit, so wie aus nachmals oft wiederholter Erfahrung lernte ich, daß, wenn sich diese Thiere bey sehr stiller See unge-wöhnlich häufig sehn lassen, bald darauf Sturmwetter erfolgt ist; und je öfter sie heraufkamen, wie auch je hef-tiger ihre Bewegungen waren, desto wüthender war der darauf erfolgende Sturm.

Den 10ten August sahen wir ein ganz ungewöhnli-ches und unbekanntes Seegeschöpf, von welchem ich hier eine kurze Nachricht mittheilen will, weil ich dasselbe ganzer zwey Stunden lang betrachtet habe. — Es war ohngefähr zwey russische Ellen lang; der Kopf glich ei-nem Hundekopf, mit spitzigen aufgerichteten Ohren. Von der Ober= und Unterlippe hingen auf beyden Seiten Bärte herab. Die Augen waren groß; der Leib war lang, ziemlich dick und rund, gegen den Schwanz all-mählig abnehmend. Die Haut schien dicht mit Haaren bewachsen, welche auf dem Rücken eine graue, am Bauch aber eine weißröthliche Farbe hatten; im Wasser aber sahe das ganze Thier roth, wie eine Kuh, aus. Der Schwanz war in zwey Finnen gespalten, wovon die obe-re, wie bey Hahnen, doppelt so lang als die untere war.

Nichts

Nichts schien mir wunderbarer, als daß weder Vorderfüße noch Finnen an deren Statt zu sehn waren. Man kann die Gestalt dieses Thieres, in Ermanglung einer nähern Beschreibung nicht besser vergleichen, als mit der Abbildung welche Gesner von einem Freunde erhalten und unter dem Namen Simia marina danica in seinem Thierbuch mitgetheilt hat. Wenigstens verdiente unser Seethier, sowohl in Betrachtung seiner Aehnlichkeit mit Gesners Seeaffe, als wegen seiner wunderbaren Bewegungen, Sprünge und Anstand allerdings, diesen Namen. Es schwamm über zwey Stunden lang um unser Schiff und sahe bald den einen bald den andern gleichsam mit Bewundrung an. Zuweilen näherte es sich dem Schiff, dergestalt daß man es oft mit einer Stange hätte erreichen können, so bald sich aber jemand rührte, so entfernte es sich. Es konnte sich auf ein Drittheil seiner Länge über dem Wasser, so grade wie ein Mensch aufrichten und zuweilen blieb es einige Minuten lang in dieser Stellung. Nachdem es uns etwan eine halbe Stunde betrachtet hatte, schoß es wie ein Pfeil unter unserm Fahrzeuge durch und kam auf der andern Seite wieder hervor; bald darauf tauchte es abermals und zeigte sich auf der alten Stelle; und so tauchte es wohl dreyßig Mal. Da die See ein Seegewächs herbeytrieb, welches an einem Ende wie eine Flasche kolbigt und hohl, gegen die Spitze aber allmählig dünner ist*), schoß dieses Thier, sobald es selbige erblickte, darauf zu, schnappte selbige mit dem Maule auf und kam damit gegen unser Schiff geschwommen, wobey es solche Wendungen und Affenstreiche machte, daß man sich nichts lächerlicheres vorstellen kann. Nach vielen possirlichen Sprüngen und Wendungen schoß endlich solches in die See und kam vor itzt nicht wieder zum Vorschein, doch sahe man es

nach

---

*) Gmelin hister. fucor.

nach diesem zu verschiednen Malen an verschiednen Orten der See wieder.

Den 11ten August gieng man mit einem gelinden Südostwinde, da wir nun aus der Einbucht heraus waren, allmählig westlich; den 12ten aber stillte es ab, und man hielt eine Commission, darin beschlossen wurde, wegen herannahenden Herbstes und weiter Entlegenheit die Rückreise nach Awatscha unmittelbar anzutreten, ohne sich weiter nach dem festen Lande umzusehen, wohin es sich zöge. Ich gestehe, daß mir diese Commission, mit dem was darinnen beschlossen worden, höchst wunderlich vorkam. Es wurde die unmittelbare Heimreise beschlossen, und die desfalls verfaßte Schrift von dem ganzen Commando bis auf den Bootsmannsmaat (aber wie stets gewöhnlich, nicht von mir) unterschrieben; folglich wollte man nach Awatscha; man nahm aber nicht den geraden Weg, sondern gieng unter dem Lande, welches also eben so viel war, als der Amerikanischen Küste zu folgen. Wegen des contrairen Westwindes wollte man mit laviren zwischen Süden und Norden westlicher zu gehen suchen, unter dem Parallel von 53 Graden; und man konnte das feste Land wenigstens auf 54 Graden muthmaßen, da man es auf 55° gesehen. Man konnte auch aus den beständigen Kennzeichen welche die Thiere und angetriebnen Sachen gaben, sehr deutlich schliessen, daß man noch immer unterm Lande war, und es noch weiter südwärts annehmen konnte; wie denn auch der widrige Westwind ein Zeichen des vor uns liegenden Landes war. Hingegen konnte man ohne Zweifel auf der Breite von 49 und 50 Graden andre und günstigere Winde hoffen, je weniger man Beyspiele von Passatwinden auf einer solchen Breite und überhaupt ausserhalb den Wendezirkeln hat. Allein obgleich der Capitain-Commandeur mit mir einer Meynung wurde, wollte er dennoch solches nicht befehlen, sondern sprach nur davon, und

und ließ sich seine Meynung ohne Widerrede verwerfen.

Indessen ist besonders, daß die Winde vorher niemals so anhaltend widrig gewesen sind, als nach dem 12ten August. Vom 13ten bis 17ten August brachte man die Zeit mit beständigem Laviren nach Süden und Norden zu, und gewann dabey wenig.

Den 18ten trug sich wieder eine seltsame Sache zu; ich hörte morgens gegen vier Uhr, daß man auf der Decke von Lande sprach. Ich stund sogleich auf und gieng hinauf. Es mochte aber schon abgemacht seyn, daß niemand davon reden sollte, als ob man Land gesehen hätte, und zwar auf einer wunderlichen Stelle, nemlich in Süden. Obgleich nun dieses Land, das man vor der Sonnen Aufgang deutlich gesehen, nachher mit einem Nebel verdeckt worden, konnte man es doch noch merklich erkennen, auch daß es nicht weit von uns sey aus dem daher treibenden häufigen Seekraut ersehen. Zu mehrerem Beweiß aber dessen, daß wir zwischen Amerika und einer in Süden gelegnen Insel seegelten, diente, daß sich der westliche Wind auf einmal abstillte. Unsre Officiere waren nunmehro schon überdrüßig mehr das Land zu begegnen; allein es war doch unverantwortlich dasselbe ununtersucht zu lassen, um sich von dessen Gewißheit versichern, und es auf die Charte legen zu können. Als ich sie fragte vor was vor ein Land sie dieses hielten, weil es doch unstreitig eine große Insel seyn müßte, (deren wir auf dieser Reise so viele gesehn, daß Amerika an dieser Seite nicht schlechter als im Westmeer damit versehen seyn muß) so erhielt ich zur Antwort: es müsse Johann de Gama Land seyn. Hieraus konnte ich schließen, wie treflich man die große Charte des Herrn de L'Isle verstanden, die doch der Unverstand so oft beschimpfte; denn das Land des de Gama ist bisher die unbekannte Küste von Amerika, so sich von Osten nach Westen

Westen in Norden auslänget, genannt worden, und konnte nicht als ein abgesondertes Land von Amerika angesetzt werden. So konnte dieses Land auch nicht über 15 Meilen breit seyn, weil wir sonst bey der Hinreise nothwendig darüber hätten hinseegeln, oder es doch sehen müssen.

Ich lasse es indessen dahin gestellt seyn, daß man sich dieses Landes nicht versichern wollen, noch es auf der Charte angedeutet; wundre mich aber um so vielmehr, daß man nun noch nicht die Ursache des beständigen Westwindes errathen, noch sich dadurch bewegen lassen wollen die Heimreise südlicher zu versuchen, bis man nach der Rechnung dem ofnen Canal gegenüber wäre, wo man sich andrer Winde versehen konnte, je anhaltender die Nord- und Nordostwinde auf Kamtschatka im Herbst beobachtet werden, auch auf der ersten Reise des Herrn Capitain-Commandeurs also befunden worden.

Den 19ten August um 3 Uhr nach Mitternacht bekamen wir einen günstigen Ostwind, mit welchem wir vor dem Winde gerade West an giengen; gegen Mittag aber fieng es an stiller zu werden. Am Horizont klärte es sich auf, daß man nicht undeutlich das feste Land im Norden vor uns erkennen konnte, auch zugleich von dessen Nähe durch die auf einmal angetriebnen Seewiere und Uferauswürfe, ingleichen viele Thiere und Landvögel, als so oft schon bewährte Beweise, ja sogar durch veränderte Wasser benachrichtigt wurden. Doch wollte ausser mir und einigen andern niemand solches glauben, noch sehen, wenn gleich der abnehmende und von oder nach dem Lande veränderliche Wind solches noch mehr bestätigte. Indessen gieng man doch etwas südlicher, und als wir den 20sten August so weit entfernt waren, daß man weder das Land selbst, noch obige Zeichen desselben mehr erblickte, fragte man mich spottweise, ob ich noch Land sähe? da ich doch nicht gelacht, wenn diese Herren sogar auf 51 Graden Land erblicket, noch ihnen vorgerückt

rückt, daß sie nicht weiter sehen könnten, als ihnen von der Natur und Erfahrung vergönnt war.

Vom 20sten bis 23sten lavirten wir auf dem Parallel von 53°. Ich sahe jezt die Wallfische sehr häufig, nicht mehr einzeln, sondern Paar und Paarweise mit und hintereinander herziehen und verfolgen; welches mich auf die Gedanken brachte, daß diese Zeit zu ihrer Gattung bestimmt seyn müsse.

Den 25sten zwang uns ein starker Sturm aus Westen zu treiben. Den 26sten brachte man mit laviren zu. Den 27sten war der Horizont sehr aufgeklärt. Die Luft kalt und hell, und der Wind grade aus Westen. Diesen Tag ward auf einmal in einer Commission beschlossen, wegen widrigen Windes und zu befürchtenden Wassermangels, da nur noch sechs und zwanzig Fässer voll vorhanden waren, mit dem Nordosten-Curs nach dem Lande zu gehen, welches man nicht von nöthen gehabt haben würde, wenn man am Cap Eliä diejenigen zwanzig Fässer noch hätte füllen lassen, welche ohne allen Grund leer zurück bleiben müssen. — Diese Commission war kaum geendigt, die Sache beschlossen und unterschrieben, so änderte sich Nachmittags der Wind auf einmal, und folglich der Anschlag. Man hatte aber kaum das Fahrzeug gewandt, so drehte sich der Wind aufs neue, blies wieder aus Westen, und zwang durch sein beständiges Anhalten allerdings nach dem Lande zu laufen.

Den 28sten sezte man den Lauf nach dem Lande fort, und man sahe davon Abends gegen vier Uhr schon verschiedne Kennzeichen. nemlich die Seelöwen, eine Art von Dorsch, die sich in der Tiefe von höchstens neunzig Faden auf Bänken hält, und eine schwarze Mewe (Diomedea). Kurz darauf sahe man das Land selbst N. z. O. wiewohl sehr undeutlich; wir kamen aber in der Nacht so weit, daß wir den 29sten August morgens fünf Eyländer deutlich wahrnehmen konnten, hinter welchen

auf

auf 10 bis 12 Meilen das feste Land sich zeigte. Die Witterung dieses Tages war sehr angenehm, und dem Vorsatz unter das Land zu gehn, und einen Hafen oder Verdeckung zu suchen vollkommen günstig. Nach Mittag um 3 Uhr erreichten wir das vorderste obgedachter Eilande, welches von Norden nach Süden lag, und auf den späten Abend kam man unter einer auf drey Werste von dieser Insel in Osten gelegnen felsigten und kahlen Insel vor Anker.

Den 30sten August in der Frühe wurde der Anfang zu Vollziehung eines zweyfachen Anschlags gemacht, nemlich sich nach der nächsten Stelle, wo man frisch Wasser haben könne, umzusehen, und dann, weil man in der Nacht auf dem in Norden von uns gelegnen Eilande Feuer brennen gesehn, den Meister Chytrew mit einem Commando dahin zu schicken, um den Ort zu recognosciren, und Leute aufzusuchen. Damit die Ehre der vermuthlichen Entdeckungen den Herren See=Officieren eigen wäre, ermahnte man mich von selbst, ob ich nicht nach dem Lande wollte. So deutlich nun auch ihre Absicht zu merken war, nahm ich dennoch ihr Anerbieten sehr freundlich an, und gieng mit den Wasserbringern in dem Wunsch ans Land, daß von beyden Seiten etwas nützliches möchte entdeckt werden, wozu jedoch nunmehro auf einem kahlen und elenden Eilande schlechte Hofnung war.

Ich war kaum am Lande angelangt, als ich sogleich einen Wasserplatz zu erkundigen mich bemühte, und verschiedne Quellen fand, die sehr gutes und gesundes Wasser hatten. Indessen war von den Seeleuten die erste und nächste stehende Pfütze gewählt, auch schon ein Anfang zum Transport gemacht worden. Weil ich nun an dem Wasser auszusetzen fand, daß es ein stehendes kalkichtes Wasser sey, welches sich sogleich im Kochen mit Thee, und nachgehends bey der Probe mit Seife ver-

verrieth, ich auch am Strande bemerken konnte, daß es mit der See ab- und zu nahm, folglich brack seyn mußte, welches sich auch beym Kochen dem Geschmack sogleich verrieth, so schlug ich die von mir gefundnen Quellen zum Wassermachen vor, wovon ich eine Probe bey einem mündlichen Bericht, nach dem Fahrzeuge schlckte, und besonders erinnerte, daß von dem Gebrauch dieses Wassers sich der Scharbock schleunig vermehren, und die Leute wegen der Kalkhaftigkeit austrocknen, und von Kräften kommen würden; ja daß dieses Wasser nach kurzer Zeit im Fahrzeuge von Tag zu Tage an Salzigkeit zunehmen, und durchs Stehen endlich zu Salzwasser werden würde, welches alles man hingegen von dem Quellwasser nicht zu fürchten hätte. — Allein ohngeachtet man hierinnen mir als einem Arzt hätte Gehör geben müssen, wurde doch dieser zu Erhaltung meiner Nebenmenschen und meines eignen Lebens, welches nunmehr unter fremde Gewalt gerathen war, redlichst gethane Vorschlag, aus alter stolzer Gewohnheit zu widersprechen, verworfen. — Ey, was soll dieses Wasser nicht gut seyn, war die Antwort; das Wasser ist gut, füllet nur davon! Ja ob ich gleich indessen einen noch viel nähern Wasserplatz, als die beliebte salzige Pfütze gefunden hatte, und im Fall die Quellen nicht beliebt würden, diesen vorschlug, so sollte und mußte es doch nicht seyn, damit man mir ja allen Verstand und alle Kenntniß ableugnen könnte.

Weil ich solcher Begegnungen nun schon gewohnt war, bekümmerte ich mich weiter nicht darum, und fieng an das Land zu recognosciren. Ich bemerkte, daß das Eiland, auf welchem wir uns befanden, unter acht andern umherliegenden das größte, ohngefähr 3 bis 4 teutsche Meilen lang, und auf drey oder vier Werste von Osten nach Westen breit sey. In Norden und Westen
sahe

sahe man das *) feste Land ohngefähr zehn Meilen davon entfernt; dennoch bleibt unausgemacht, ob dies Eiland nicht gegen Norden mit dem festen Lande zusammenhieng und ein Vorgebürge war, da wir dessen Ende daselbst nicht absehn konnten. Es besteht diese Insel, so wie die andern alle, aus lauter erhabnen, grün überwachsnen festen Felsen. Das Gestein ist meistens ein roher, grauer und gelblicher Graufels, an einigen Orten grauer Sandstein; so fand sich auch schwarzer, dicker Schieferstein. Das Ufer ist allenthalben steinigt und felsigt, Quellen und kleine Bäche im Ueberfluß. An Thieren begegnete mir gleich anfangs ein schwarzer Fuchs, den ich, weil er mich wie ein Hund anbellte, und gar nicht scheu war, zuerst vor einen Hund ansahe, bey genauer Betrachtung aber meinen Irrthum erkannte, und damit umgieng, daß derselbe entweder von Herrn Plenisner, oder von meinem Schützen erlegt, und als ein Wahrzeichen könnte mitgenommen werden; welches aber fehlschlug. Rothe Füchse sahen wir an verschiednen Orten der Insel; Jewraschken oder kleine Murmelthiere **) findet man in grossem Ueberfluß. Außer diesen bemerkte ich die Spur von einem ganz unbekannten Thier, dessen im laimigten Ufer eines Insees abgedruckte Ferthe einer Wolfsspur ähnlich war, aber durch den Umfang und die Größe der Klauen zu verstehn gab, daß sich ein andres und größeres Thier, oder eine sehr grosse Art von Wölfen hier aufhalten müsse.

Allerley Wasservögel sahe man hier im Ueberfluß, als Schwäne, zwey Arten von Urilen (Pelecani), Alken,

---

*) Steller glaubte, seiner einmal gefaßten Meynung nach überall festes Land zu sehen, wo vermuthlich nahe an oder hintereinander liegende Inseln einen Anschein davon gaben.

**) Mus Citillus.

ken, (Torda) Enten, Schnepfen, Strandläufer, verschiedne Mewen, Taucher, darunter eine ganz sonderbare und unbekannte Gattung war, Grönländische Tauben, Seepapageien (Alca arctica), Mitschagatken (Alca cirrata); aber von Landvögeln waren nur Raben, Fliegenstecher (Grisola), Schneevögel (Emberiza nivalis), Morasthüner (Tetrao Lagopus) und sonst nicht das geringste zu sehn.

Die Fischsorten welche wir sahen, sind Malma (eine Lachsart) und Ramscha (Cottus Scorpius). Von Bäumen waren auf allen acht, im Bezirk von sechs teutschen Meilen zusammenliegenden Inseln nicht ein einziger zu sehn; anders auf denen den 4ten August unter eben der Breite wahrgenommenen, die nicht über 40 Meilen von hier entfernt seyn können. Alle von hier weiter gegen Kamtschatka gelegene Inseln, so viel wir deren nachgehends gesehen, sind eben so kahl beschaffen, und ohne alle Waldung; wovon ich ausser folgender, keine Ursach ergründen kann:

1) Haben diese Inseln eine zweifache Lage; nemlich die von hierab gegen Amerika gelegnen, liegen Nordost und Südwest; hingegen die im Canal und Kamtschatka näher befindliche sind Nordwest, Südost gelegen, und ich habe sowohl an den grossen als kleinen Felsen bemerkt, daß sie mit ihrer Länge nach eben dieser Richtung streichen.

2) Ihre Eigenschaft ist daneben, daß sie insgesammt sehr lang sind, und dabey eine ganz unproportionirte Breite haben; so ist z. B. Schumachins Insel zwanzig bis dreyßig Werste lang, zwey bis drey breit; Behrings Eiland ist 30 Meilen lang, und nur vier, aufs höchste 7 Werste breit. Eben so waren alle Eilande beschaffen, deren wir sieben von hier ab bis nach Behrings Eiland wahrgenommen. Daher folgt, daß da sie gegen Norden und Süden

Süden offen liegen, und also die schleunigsten Veränderungen von Hitze und Kälte leiden, auch durch die mächtigsten Stürme aus diesen Gegenden bey einer so geringen Breite frey bestrichen werden, kein Baum noch Staude darauf wachsen oder wurzeln kann, da auch die niedrigsten Stauden so krumm und krauß in einander wachsen, daß man nicht einen graden Stock zwey Schuh lang in einer ganzen Gegend zu finden vermögend ist. Ebenermaßen nimmt man auf Kamtschatka wahr, daß diejenigen Striche an Waldung und andern Nothwendigkeiten die fruchtbarsten sind, welche eine genugsame Landesbreite von Süden nach Norden haben. Je schmäler hingegen das Land nach und nach wird, desto augenscheinlicher ist die Veränderung; z. E. von Bolschaja reka bis Lopatka. Dahingegen ist die Gegend von Karaga herüber, wo das Land noch viel schmäler, und die Breite doch um sechs Grade nordlicher ist, ganz anders beschaffen. Bey denen im Canal gelegnen Inseln ist die Sache noch offenbarer. Daß aber die ostlichern Inseln, bey gleicher Lage und geringen Breite, mit Waldungen versehn befunden worden, hat seinen wahren Grund darinn, daß selbige hart unterm festen Lande liegen und davon Bedeckung haben, und einen scheinbaren Grund darinn, daß ich muthmaße, die gegen Asien auslaufende Landecke von Amerika habe gegen Westen eine abnehmende Breite, und an seinen nordwestlichen Küsten eben die Beschaffenheit, wie Kamtschatka an den nordostlichen.

Was vor Gewächse außer den kaum zwey Ellen hohen Weidengebüschen, auf diesen Inseln wachsen, davon ist ein besondres Verzeichniß gegeben worden. Ueberhaupt bemerke ich nur, daß die mehresten amerikanischen, auf Cap Eliä beschriebnen, seltnen, auf Felsen

sen hervorkommenden Gewächse hier gleichfalls noch angetroffen werden, doch aber schon einige, so 1742 auf Berings Eiland, und nachher im Herbst an gleichen Orten auf Kamtschatka bemerket worden sind. Was aber die in Thälern, Gründen und auf feuchten Plätzen befindliche Gewächse anbetrift, so sind dieselben mit denen in Europa, Asien und Amerika unter gleichen Parallelen befindlichen einerley, einige wenige ausgenommen. Was uns den meisten Nutzen aus dem Gewächsreiche darbot, sind außer den rothen Heidelbeeren und schwarzen Mooßbeeren oder Schikscha (Empetrum), so in größter Menge hier angetroffen werden, die herrlichen antiscorbutischen Kräuter; als: Cochlearia, Lapathum folio cubitali *), Gentiana und andre kreßartige Kräuter, so ich nur zu meinem und des Herrn Capitain-Commandeurs Gebrauch sammlete. Denn obgleich ich vorstellte, daß der Arzneykasten von Anfang an elend beschaffen gewesen, da er meist lauter Pflaster, Salben, Oele und andre bey Schlachten auf vier bis fünfhundert Mann hinlänglichen Wundmitteln angefüllt, aber gar keine Arzneyen enthielt, die auf Seereisen am nöthigsten, und wider Scharbock und Engbrüstigkeit, als unsre gemeinste Zufälle dienlich seyn konnten; und obgleich ich desfalls einige Leute verlangte, um antiscorbutische Kräuter, so viel vor alle nöthig, aufzusammlen: so wurde dennoch auch dieser allen heilsame Vorschlag, dafür ich noch Dank verdient hätte, verachtet, obgleich man es nachmals genug bereuet, und mich, da wir kaum mehr vier gesunde Menschen auf dem Fahrzeuge übrig hatten, flehentlich um Hülfe und Beystand gebeten; welchen ich denn, wiewohl mit leeren Händen, nach äußersten Kräften und Vermögen geleistet, obschon es mein Amt nicht war, und man vor der Noth meinen Rath

---

*) Rheum palmatum; welches Steller in seinen Handschriften also zu nennen pflegte.   A.

Rath jederzeit verschmähet hatte. Es mußte auch wohl den gröbsten und undankbarsten Leuten endlich in die Augen leuchten, da ich den vom Scorbut und vielem Liegen schon des Gebrauchs seiner Glieder gänzlich beraubten Herrn Capitain=Commandeur, blos durch den Genuß des frischen Löffelkrauts, wieder so weit brachte, daß er binnen acht Tagen wieder aus dem Bette auf das Deck kommen konnte, und sich so frisch wie im Anfang der Reise befand; auch das nur drey Tage lang gebrauchte Lapathum, so ihnen von mir angewiesen wurde, den mehresten Seeleuten die Zähne wieder befestigte.

Wegen des gegen Abend eingefallenen Regens hatte ich mir schon eine Hütte gebaut, und war willens die Nacht auf der Insel zu bleiben; dennoch entschloß ich mich endlich wieder nach dem Fahrzeuge zu gehn, um meine Meinung wegen des schlechten Wassers, und Ansammlung der Kräuter nochmals nachdrücklich und mit größter Bescheidenheit vorzustellen. Da ich aber meine Meinung wegen des Wassers wiederum verachtet und gröblich widersprochen sahe, und anhören mußte, daß man mir selbst, gleichsam als einem unter dem Commando stehenden Wundarztlehrling, die Einsammlung der Kräuter anbefohl, auch diese eines jeden Gesundheit und Leben interessirende Sache nicht der Arbeit einiger Matrosen werth achtete; so gereute mir meine gute Absicht, und war ich allein künftighin auf die Errettung meiner eignen Person bedacht, ohne mehr ein Wort zu verlieren. In dieser Absicht gieng ich den 31sten August Morgens wieder nach dem Lande, sezte meine Verrichtungen fort, und kundschaftete mit Herrn Plenisner das Land. Aber wir wurden gegen Abend durch einen Sluschiwen eiligst zurück nach dem Fahrzeuge berufen, mit dem Vermelden, daß man wegen eines zu befürchtenden Sturms, wovon wir doch am Lande nicht die geringste Spur hatten, alle Mannschaft nach dem Paketbot versammlete,

um,

um, wenn bey anwachsendem Sturm die Anker nicht halten sollten, in See gehen zu können, weil man an einem höchst gefährlichen Orte stünde, den man aber vorher, wider alle Einwendungen, vor bedeckt auf allen Seiten ausgab. — Wir liefen sogleich alle in größter Eil über eine Meile nach dem östlichen Ufer der Insel, und ersahen alles wie uns berichtet war, fanden auch die Verwirrung am Lande, wegen der am vorigen Tage hieher gebrachten Kranken, die man jezt wegen der am Ufer hochgehenden See kaum ins Boot schleppen konnte, so groß, daß wir uns entschlossen, bis über den halben Leib durch den Burun (die Wellen) an das Boot zu waten, und uns mit demselben auf gut Glück übersetzen zu lassen. Diesen Tag wurde der erste Mann von unsrer Besatzung, der Tages zuvor, als er nur ans Land kam, verstorben war, Namens Schumachin begraben, nach welchem auch hernach das Eiland Schumachins ostrow genannt worden.

Als wir nach einiger Angst auf dem Fahrzeuge angelanget, war die größte Klage, daß der Meister Chytrew mit seinen Leuten noch nicht vorhanden, und man würde gezwungen werden denselben am Lande zu lassen. Nunmehr dankte ich Gott, daß ich durch die listigen Anschläge der Seeleute von seiner Gesellschaft war getrennt worden. Doch man sahe gleich nach unsrer Ankunft ein großes Feuer ohnweit der Stelle, wo wir auf das Boot genommen worden, und ich erkannte aus der Lage daß sich der Meister Chytrew mit seinen Leuten an dem Insee, wo ich zum andernmal gerathen Wasser zu füllen, aufhalten müsse. — Der Sturm nahm indessen zu, und unser größtes Glück dabey war, daß da der Sturm aus Nordost angefangen, doch der Wind auf einmal nach Westen umsprang, dann südlicher und wieder westlich, endlich aber NW. wurde, wo wir vom Lande bedeckt lagen, und keine so große Gefahr hatten. Zum größten Glück hat-

te der Capitain-Commandeur beym ersten Sturm, um
Mitternacht, nicht zugelassen, daß man ohne Noth die
Anker kappte, um einen andern an dessen Stelle fallen
zu lassen, den man vor tauglicher hielte; denn sonst wären wir gewiß bey der dunkeln Nacht und gewöhnlichen
Unordnung an den Felsen getrieben und zerscheitert worden. — Ich erfuhr noch diesen Abend, daß die Officiere,
wie wohl zu spät, anderes Sinnes geworden, und aus
Furcht vor dem Tode vor ihre eigne Provision einige Fässer an Land geschickt, um Quellwasser an dem von mir an-
gezeigten Ort zu schöpfen. Allein das Geschick wollte sie
selbiges nun auch nicht geniessen lassen; denn die Fässer
blieben aus Eilfertigkeit, und weil das Boot mit Kranken hatte beladen werden müssen, am Lande zurück.

Den 1sten September war der Wind noch sehr stark,
und beständiges Regenwetter. Man brachte den Tag
mit ängstlichen Ueberlegungen zu, wie man den Meister
aufs Fahrzeug zurück schaffen, und vom Lande abkommen
sollte. Wäre jener gar nicht abgegangen, oder da er
niemand angetroffen, zeitig zurückgekommen, und hätte
uns dadurch nicht durch Beraubung des Jelboots im Wassermachen verzögert, so hätten wir mit dem günstigen
Sturm auslaufen, und über hundert Meilen auf userm
Curs ablegen können; so aber mußten wir alle seinetwe-
gen zwischen dem Lande in Gefahr stehn, ohne uns der
glücklichen Winde, so fünf Tage nachher gedauert, bedienen zu können. Jedermann klagte, daß alles, was
dieser Mann nur angrif, von Ochozk an, bis auf die
Rückreise, widrig und unglücklich abliefe. Wie er denn
auch am Cap Eliä durch sein langes und fruchtloses Au-
ßenbleiben die Ursach war, daß in Ermanglung des Jel-
bots beym Wassertransport, so viele Fässer leer bleiben
mußten, und dadurch zum andernmal nach dem Lande zu
gehn zur Nothwendigkeit wurde, wozu er auch der erste
Rathgeber gewesen. Man bemerkte überhaupt an ihm,

daß

daß er verwegnen Rath zu geben sehr begierig, aber bey ereigneter Noth ohne Entschließung und Gedanken war, sondern nur klagte und sich zu verbergen suchte *).

Den 2ten September bekamen wir Südostwind, und man schickte das große Boot mit acht Mann ans Land, um den Meister **Chytrew** mit den seinigen ans Fahrzeug zu bringen, da denn nothwendig das Jelboot im Stiche gelassen werden mußte. Indessen lichtete man den Anker, und gieng, um das ankommende Boot desto bequemer aufnehmen zu können, mit dem Südostwind weiter nach Norden am Lande aufwärts, wo wir uns vor Anker legten. Es regnete und wehte den ganzen Tag sehr stark, daher ließ man zu mehrerer Sicherheit auch das andre Anker fallen. Weil wir aber gegen Abend auf einmal aus Südosten einen heftigen fliegenden Sturm bekamen, so hielt man auch das dritte Anker fertig, im Fall eins von beiden brechen sollte. Doch wendete sich, Gott zu danken, kurz darauf der Wind nach Südwest, wo wir verdeckt lagen, und wurde stiller, das Boot aber blieb die Nacht am Lande.

Den 3ten September war den ganzen Tag ungemein angenehmes und stilles Wetter. Der Wind blieb südwestlich. Dazu kam gegen Morgen das andre Vergnügen, daß wir das Boot mit dem Meister **Chytrew** und unsern übrigen Leuten wieder an Bord bekamen, ohne einen Mann zu verlieren. Das kleine Jell aber wurde mit Vorsatz und eine Pierleine aus Vergessenheit, nebst noch einigen andern Materialien, zum Andenken auf der Insel zurückgelassen; doch brachte der Constabel **Roselius** das ihm anvertraute Geschütz, Pulver und Bley mit zurück.

Man

---

*) Wie stimmt dieses mit dem, was Steller oben von ihm gesagt, und mit dem Charakter den die Sammlung russ. Gesch. diesem Manne beylegen, überein? A.

Man lichtete sogleich die beiden Anker, und gieng mit Südwestwind um den Felsen, da man in Süden nicht aus der Einbucht in die See auslaufen konnte, bis an die in Südosten gelegne äußerste Insel. Der Herr Meister der über seine Erlösung ungemein vergnügt und beym Willkommen frölich geworden, nahm das Loot in die Hand und ließ es beym ersten Versuch im Grunde der See liegen, woraus die gemeinen Matrosen eine üble Deutung machten, und sich erinnerten, daß heute grade ein Jahr war, da durch eben dieses Mannes Geschicklichkeit an der Ochotischen Mündung der Proviant verloren gieng. Nachmittag um zwey Uhr kamen wir hinter dieser äußersten Insel, auf zwey Werste vom Lande vor Anker.

Den 4ten versuchten wir ebenfalls bey stillem Wetter den Auslauf um die westliche Seite dieser Insel in die See, fanden uns aber bey der Unmöglichkeit wegen westlichen Windes genöthigt, auf den vorigen Platz zurück nach Osten zu gehen, den wir auch endlich wieder erreichten, und den Anker fallen ließen. Durch diese Begebenheit geschahe es, daß wir unverhoft und ohne Suchen Amerikaner zu sehen bekamen. Kaum hatte man das Anker fallen lassen, als man ein lautes Geschrey an dem vor uns in Süden liegenden Felsen hörte, welches man anfangs, keine Menschen an diesen elenden und auf zwanzig Meilen vom festen Lande entlegnen Eilanden vermuthend, vor das Brüllen eines Seelöwen hielte. Aber kurz nachher sahe man zwey kleine Kähne vom Lande auf unser Fahrzeug zurudern. Wir erwarteten selbige insgesammt mit größter Begierde und voll Verwundrung, um auf das Anbringen dieser Insulaner, ihre Gestalt und Beschaffenheit bestens Achtung zu geben. — Als selbige noch etwa eine halbe Werst von uns entfernt waren, fiengen beyde Männer in ihren Kähnen zugleich an mit heller Stimme, unter beständigem Rudern

dern eine ununterbrochne lange Rede gegen uns zu halten, ohne daß jemand von unsern Dollmetschern ein Wort davon verstehn konnte. Wir legten es uns also entweder als eine Gebets = oder Beschwörungsformel, oder als eine Ceremonie uns als Freunde zu bewillkommen aus, da beyde Gewohnheiten auf Kamtschatka und denen Kurilischen Inseln üblich sind. Als sie nun unter währendem Geschrey mit Rudern immer näher kamen, fiengen sie an mit uns abgebrochen zu reden; weil aber niemand ihre Sprache verstehen konnte, winkten wir nur mit den Händen, daß sie ohne etwas zu befürchten näher kommen möchten. Allein sie wiesen dagegen mit der Hand nach dem Lande, daß wir dahin zu ihnen kommen sollten, zeigten daneben mit den Fingern den Mund, und schöpften mit der Hand Seewasser, gleichsam um zu zeigen, daß wir Speise und Wasser bey ihnen haben könnten. Wir winkten hinwiederum zu uns herüber, und als wir ihnen das in des Baron Lahontan Beschreibung von Nordamerika befindliche und Wasser bedeutende Wort Nitschi zuriefen, wiederholten sie es vielmals, und wiesen abermals nach dem Lande, als wenn sie es andeuten wollten. Dennoch kam einer von ihnen sehr nahe zu uns, ehe er sich aber gänzlich näherte, grif er in den Busen, nahm etwas eisen = oder bleyfarbig glänzende Erde heraus, und schminkte sich damit von den Nasenflügeln quer über die Wangen in Gestalt zweier Birnen, stopfte sich die Nasenlöcher voll Graß, (durch die Nasenflügel aber waren zu beiden Seiten dünne Stücker Knochen gestochen) und darauf nahm er einen von denen hinter ihm auf dem ledernen Kahn liegenden Stöckern, der wie ein Billardstock, drey Ellen lang von Föhrenholz und roth angestrichen war, steckte zwey Falkenflügel darauf, die er mit Fischbeinen festband, zeigte uns dieses, und warf es darauf mit Lachen gegen unser Fahrzeug in das Wasser. Ich kann nicht urtheilen, ob dieses

ſes ein Opfer, oder ein Zeichen guter Freundſchaft ſeyn ſollte. Wir banden darauf unſrer Seits zwey chineſiſche Tabakspfeifen und etwas chineſiſche Glaßcorallen auf ein Bretlein und warfen ihm ſolches dagegen zu, welches er aufnahm, ein wenig beſahe und dann ſeinem Gefährten überbrachte, der es oben auf ſeinen Kahn legte. Nach dieſem wurde er etwas beherzter, kam noch näher doch mit der größten Vorſichtigkeit zu uns, band einen ausgeweideten ganzen Falken an einen andern Stock und reichte ſolchen unſerm Koräkiſchen Dollmetſcher, um ein chineſiſch Stück Seidenzeug und Spiegel von uns zu empfangen. Seine Meynung war ganz und gar nicht daß wir den Vogel vor uns nehmen ſollten, ſondern daß wir dem Vogel das Stück Seidenzeug zwiſchen die Klauen legen möchten, damit es nicht naß würde. So wie aber der Dollmetſcher den Stock feſthielt und dadurch den Amerikaner, welcher das andre Ende in Händen hatte, mit ſeinem ganzen Kahn nach unſerm Paketboot zog, ließ dieſer den Stock fahren, erſchrak und ruderte ein wenig auf die Seite, wollte auch nicht mehr ſo nahe kommen; daher warf man ihm den Spiegel und Seidenzeug zu, womit beyde nach dem Lande ruderten und uns nachzukommen winkten, um uns ſpeiſen und tränken zu können. Während der ganzen Zeit da ſich dieſe beyde Inſulaner um das Fahrzeug aufhielten, unterließen ihre Geſellen am Lande nicht beſtändig zu rufen und hell zu ſchreien, ohne daß wir ihre Abſicht errathen konnten.

Nach einer kurzen Unterredung wurde das Boot ausgeſetzt, in welchem ich nebſt dem Lieutnant Waxel, dem Koräkiſchen Dollmetſcher und neun Mann Matroſen und Soldaten nach dem Lande zu rudern beſchloſſen. Man verſahe ſich mit Lanzen, Säbeln und Schießgewehr, bedeckte aber alles, um keinen Argwohn zu erregen, mit Segeltuch. Ueberdieſes nahmen wir Zwieback, Brantwein

wein und andre Kleinigkeiten mit, um die Insulaner beschenken zu können. Die größte Widerwärtigkeit war, daß wir nicht ans Land kommen konnten, weil das Ufer sehr steinigt, das Wasser sehr im Zunehmen, auch Wind und Wellen so heftig waren, daß wir mit genauer Noth das Boot zerschlagen zu werden verhüteten. Bey unsrer Ankunft kamen alle, sowohl Manns- als Weibsleute, so wegen Einförmigkeit der Tracht kaum von einander zu unterscheiden waren, von dem Ort, wo ihre Kähne und auch unsre Geschenke ohne Hochachtung auf dem Ufer hin und her zerstreut lagen, voll Verwunderung und Freundlichkeit uns entgegen, und unterließen nicht beständig mit den Händen an das Land zu winken. Als wir aber die Hoffnung vergebens sahen selbst an das Land zu kommen, ließen wir unsern Dollmetscher sich nebst noch zwey Personen entkleiden und durch das Wasser zu ihnen gehn, eins und das andre zu besehn. Die Insulaner empfingen den Dollmetscher nebst denen übrigen ganz freundlich und führten sie als sehr große Leute ganz ehrerbietig unter den Armen nach dem Ort wo sie gesessen waren, beschenkten sie daselbst mit einem Stück Wallfischspeck, redeten verschiednes mit ihnen, da doch keiner den andern verstund, und zeigten dabey öfters über den Berg, vielleicht anzudeuten, daß sie nur um unsertwillen hieher gekommen wären, ihre Wohnungen aber über dem Berge hätten; wie wir denn auch beym Auslauf nach Osten um die Insel in die See einige Hütten von fern zu sehn bekamen. Ein Theil der Insulaner blieb bey uns am Lande stehn, sahen uns mit unverwandten Augen an, und luden uns durch öfters Winken zu sich: Als wir ihnen aber mit allerley Zeichen zu verstehen gaben, wie uns dieses unmöglich wäre, so setzte sich einer in seinen Kahn, den er mit einer Hand aufgehoben und unterm Arm nach dem Wasser getragen hatte, und kam zu uns gerudert. Man bewillkommte ihn mit einer Schale Brantwein, die er

unserm

unserm Beyspiel zufolge behende austrank aber auch sogleich wiederum ausspie, und sich wunderlich darüber geberdete, als wenn er über diesen vermeynten Betrug nicht allzu vergnügt schiene. Ohngeachtet ich nun solches, wie den Tabak und die Pfeifen mißrieth, so meynten unsre Herren doch, die Amerikaner hätten Matrosen-Magen, wollten also den ersten Verdruß mit einem neuen heben und übergaben dem Frembling eine angerauchte Pfeife Tabak die er zwar annahm, aber ganz mißvergnügt davon ruderte. Und eben das würde der klügste Europäer thun, wenn man ihn mit Fliegenschwamm oder fauler Fischsuppe und Weidenrinde tractiren wollte, die doch den Kamtschadalen so lecker dünken. — Weil indessen das Wasser und der Wind immer mehr zunahmen, rufte man unsre Leute zum Boot zurück. Die guten Insulaner hingegen verlangten derselben Gesellschaft noch länger und wollten sie durchaus nicht nach dem Fahrzeuge lassen. Besonders bezeugten sie sehr große Neigung zu unserm Koräkischen Dollmetscher, der ihnen an Aussprache und Gesicht völlig ähnlich war; erstlich beschenkten sie dieselben mit mehrerem Wallfischspeck und mit eisenfarbner Schminke, als sie sich aber durch Geschenke nicht wollten bewegen lassen, suchten sie dieselben mit Gewalt anzuhalten, ergriffen dieselben bey den Armen und hielten sie mit Gewalt vom Boot ab. Eine andre Partie nahm das Seil, woran unser Boot befestigt war, und wollte solches, vielleicht nicht aus böser Absicht, sondern lauterer Einfalt, weil sie unsre Gefahr nicht einsahen, mit den Leuten an das Land ziehn, wo es auf den Steinen gescheitert seyn würde. Da nun in dieser Unordnung und Gefahr keine Zeit zu verlieren, und die Insulaner durch figürliches Zureden nicht von ihrem Vorhaben abzubringen waren, so schoß man zugleich aus drey scharf geladnen Musketons über sie hin an den Felsen, über welche unerhörte Begebenheit sie alle dergestalt erschracken, daß sie, wie vom Donner gerührt, sämmtlich zur Erde fielen und alles aus den Händen ließen. Unsre Leute liefen sogleich durchs Wasser, und kamen glücklich in das Boot. So lächerlich die Bestürzung der Insulaner auch anzusehn war, ließ es doch noch weit possierlicher, daß sie sogleich wieder aufstunden, auf uns scholten, daß wir ihren guten Willen so übel belohnet, und mit den Händen winkten daß wir nur bald wieder fort wären, sie verlangten unser nicht weiter. Einige ergriffen im Aufstehen Steine und hielten die in Händen; wir aber waren genöthigt in Eil den Anker vom Boot der sich an einem Stein festhielt, zu kappen, und giengen ziemlich mißvergnügt nach dem Paketboot zurück, weil wir nicht bemerken konnten, was wir wollten, hingegen begegnet hatten, was wir nicht vermuthet. Aber bald hatten wir Ursach Gott davor zu danken, daß wir auf dem Fahrzeug und dieses so wohl verdeckt war; denn gleich darauf erhub sich ein starker Sturm aus Süden, und bald nachher fing es auch an zu regnen und dauerte die ganze Nacht hindurch. Unsre Amerikaner aber hatten Feuer am Lande angelegt und ließen uns über das Ereignete nachdenken.

Ich muß hier einige Umstände anführen, die ich während der Viertelstunde da wir am Lande standen, bemerkt habe. Die Amerikanischen Kähne sind ohngefähr zwey Faden lang, zwey Schuh hoch und zwey Schuh auf der Decke breit, vorn nach der Nase zugespitzt, hinten aber eckigt und glatt. Dem Ansehn nach ist das Gerüst dazu von Stangen, die an beyden Enden zusammengefügt, inwendig aber durch andre Querhölzer aus einander gespannt sind. Von außen ist dieses Gerüst mit Fellen, vielleicht von Seehunden, überzogen, und schwarzbraun angefärbt. Mit diesen Fellen ist der Kahn von oben platt, an den Seiten aber gegen den Kiel zu schräg, zu unterst scheint eine Sohle oder Kiel aufgesetzt zu zu seyn, welcher an der Nase durch ein senkrecht aufgerichtetes Stück Holz oder Knochen, so einen Steg vorstellt, mit der Nase verknüpft ist, so daß die obere Fläche auf demselben ruht. Etwan zwey Arschin von Hintertheil ist oben ein rundes Loch, so an allen Seiten mit Wallfischgedärmen umnehт ist und einen hohlen Saum, mit einem dadurch gezognen Riemen hat, vermöge dessen es wie ein Beutel zusammengeschnürt und wieder nachgelassen werden kann. Sobald sich der Amerikaner in den Kahn gesetzet und die Füße vorwärts unter der Decke ausgestreckt hat, zieht er diesen Saum, wie einen Beutel, um den Leib zusammen, und befestigt solchen vermittelst einer Schleife, um allen Eingang des Wassers zu verhüten. Hinter dem Ruderer liegen auf dem Kahn zehn oder mehr roth angestrichne und nach dem einen Ende hin zugespitzte Stöcker angebunden, die insgesammt, wie der von ihnen überkommene, beschaffen sind, zu was vor einem Endzweck kann ich nicht errathen; wo sie nicht etwan zu Ausbesserung des Kahns, wenn das Gerippe brechen sollte, dienen. Der Amerikaner steckt die rechte Hand in das Loch des Kahns, und trägt ihn also, in der andern Hand das Ruder haltend, wegen seiner Leichtigkeit aufs Land wohin er will, und wieder vom Lande ins Wasser. Das Ruder besteht aus einem Fadenlangen Stock, der an jedem Ende mit einer Schaufel, die einer Querhand breit, versehen ist; mit diesem schlägt er wechselsweise, bald zur Rechten, bald zur Linken ins Wasser und treibt damit seinen Kahn, auch zwischen den großen Wellen, mit großer Behendigkeit fort. Ueberhaupt ist diese Art Kähne von denenjenigen wenig oder gar nichts unterschieden, deren sich die Samojeden und Amerikaner in Neu=Dännemark bedienen.

Was die Person der Insulaner anbetrift, deren ich am Ufer neune, meist junge, oder Leute von mittelmäßi=

gem Alter zählte, so sind sie mittlerer Statur, stark und
untersetzt, dabey ziemlich proportionirt und an Armen
und Beinen sehr fleischigt. Die Haare auf dem Kopf
glänzen von Schwärze und hängen um den Kopf ganz
grade herum. Das Gesicht ist bräunlicht, ein wenig
platt und eingedrückt. Die Nase ist gleichfalls nieder=
gedrückt, doch nicht sonderlich breit und groß; die Augen
sind so schwarz als eine Kohle, die Lippen erhaben und
aufgeworfen. Dabey haben sie kurze Hälse, breite Schul=
tern, und sind am Leibe dick, doch nicht bauchigt. Alle
zusammen hatten Hemden mit Ermeln an, die bis auf
die Waden reichen, und aus Wallfischdärmen sehr subtil
zusammengenäht sind. Einige haben das Hemde unter
dem Nabel mit einem Riemen festgebunden, andre aber
tragen es loß. Zwey unter ihnen waren mit Stiefeln
und Beinkleidern angezogen, so nach Art der Kamtscha=
dalen von Seehundsleder verfertigt und mit Ellernrinde
braunroth gefärbt schienen. Am Gürtel hatten zwey ein
langes eisernes Messer in einer Scheide von sehr schlech=
ter Arbeit, die ihre eigne und keine fremde Erfindung
seyn mochte, wie die russischen Bauern, hängen. Ob
ich nun gleich bat, daß man eins dieser Messer durch
Darbietung dreyer oder mehrerer von unsern, deren die
Casse viele hatte, von ihnen eintauschen möchte, weil
daran viel gelegen war, und man vielleicht Zeichen dar=
auf gefunden hätte, woraus man hätte schließen können,
mit was vor einer Nation diese Insulaner Gemeinschaft
hätten, so unterblieb doch auch dieses. Von fern be=
trachtete ich die Beschaffenheit dieses Messers sehr genau,
als einer von den Amerikanern solches entblößte und eine
Blase damit entzweyschnitt. Man konnte wohl sehen,
daß es von Eisen, und dabey keiner europäischen Arbeit
ähnlich sahe; woraus denn zu schließen wäre, daß die
Amerikaner nicht allein ein Eisenerzt haben, wovon bis=
hero auf Kamtschatka wenige oder gar keine Spuren ent=
deckt

deckt sind, sondern auch daß sie selbiges zu schmelzen und zu bearbeiten verstehen. Und zwar scheint wohl aus der glatten Arbeit, die an den am Cap Eliä gefundnen Pfeilen und in der Hütte daselbst bemerkt worden, unstreitig, daß die Wilden Messer haben müssen, selbige mögen nun von Eisen oder Kupfer seyn. Hingegen weiß ich aus ganz gewissen Nachrichten, daß die Tschuktschen, von der andern tschuktschischen Insel ab, nach Amerika handelten, und obgleich diese Gemeinschaft durch eine entstandne Mißhelligkeit, seit einigen Jahren unterbrochen worden, dieser Handel dennoch durch die Bewohner der Inseln fortgesetzt worden; dabey aber sind die vornehmste Waare: Messer, Beile, Lanzen und Pfeilspitzen von Eisen, welche die Tschuktschi um einen sehr hohen Preiß von den Russen um Anadyrsk erhandeln und um einen vielmal höhern bey den Amerikanern, gegen Seebiber, Marder und Füchse vertauschen, wovon einige über Anadyrsk nach Rußland verführt werden. Wenn nun die Amerikaner selbst Eisen schmelzen und besagte Arbeit verfertigen könnten, warum sollten sie solche von andern theuer erhandeln. Unterdessen so ist merkwürdig, daß die Kasaken am Anadyrstrom eher mit den Amerikanern gehandelt haben, als man bey der Kamtschatkischen Expedition einige Kundschaft vom Lande selbst eingezogen. Davon aber läßt sich auf Seiten der Kasaken eine doppelte Ursach angeben: 1) das eigne Interesse und Meyneid der Befehlshaber; 2) die Furcht, weil gemeiniglich derjenige, welcher in diesen entfernten Ortern etwas Unbekanntes zu des Reichs Nutzen angiebt, selbst zur Ausführung gezwungen und statt des Danks an allen seinen Gütern und Vermögen ruinirt wird. — Auf der andern Seite sind die Herrn Offiziere mit gemeinen Leuten sich in Gespräche einzulassen zu hochmüthig, und wann ihnen auch etwas entdeckt wird, zu nachläßig und ungläubig. Ich habe mich bey meiner Ankunft auf

Kamtschatka im Jahr 1740 sogleich um dergleichen Nachrichten eifrig bemüht, auch alle Ankömmlinge, Kaufleute, Kasaken, mit größter Freundlichkeit befragt, und sie, wo etwas mit Gutem nicht herauswollte, mit Brantwein, als der angenehmsten Folter, zum Geständniß gebracht. Als ich mir aber dergleichen Nachrichten so viel erkaufet, daß ich mit mehr als zwanzig bündigen Gründen beweisen konnte wo das Land am nächsten und wohin man die Reise anstellen müsse, auch alles dem Herrn Capitain-Commandeur hinterbracht; achtete man meine vielfältige Bemühungen unwürdig denen übrigen Offizieren in der Commission nur einmal vorzulegen, und bestund das ganze Staatsurtheil darüber hierin: „Die Leu-
„te reden viel, wer wird Kasaken glauben; ich baue gar
„nichts darauf." — Nun aber bekräftigt solches der Herren eignes Tagebuch und Charten, ja mancher ist darauf gestorben und begraben. — Man möchte vielleicht sogar den Einfall kriegen, daß der Charte bey der ersten Expedition noch weniger zu trauen sey, da selbige die Inseln am Lande Kamtschatka, Olutora gegen über, ingleichen die schönsten Häfen am Awatscha, vor Awatscha am Ukäh und Olutora vergessen, auch dreyßig Meilen von Kamtschatka ab, deren Vorgeben nach, kein Land gefunden worden, da doch Behrings Insel nur zwanzig Meilen davon, grade in Osten entfernt liegt.

Den 5ten September regnete es Vormittags sehr stark. Nachmittags schien es zu verschiednenmalen aufzuklären, überzog sich aber allezeit wieder. Weil sich nun der Wind südwestlich gedreht hatte, konnte man leicht länger an dieser Stelle stehn bleiben; dahero lichteten wir gegen zwey Uhr Nachmittags den Anker, und da sahen wir zu eben der Zeit zwey Amerikaner mit ihren Kähnen nach dem Lande rudern. Wir suchten einen Ort zu gewinnen, wo wir abermals vom Eilande gegen
Westen

Westen bedeckt stehn, könnten und eine solche erwünschte Stelle erreichte man gegen fünf Uhr und legte sich abermals vor Anker. Ohngefähr eine halbe Stunde darnach sahe man abermals neun Amerikaner auf ihren Kähnen in einer Reihe gegen das Fahrzeug anrudern, mit gleichem Geschrey und Ceremonien als das erstemal. Doch näherten sich nur zwey unserm Fahrzeuge, beschenkten uns abermals mit Stöckern von Falkenfedern und mit eisenfarbner Schminke. Sie hatten auf dem Kopf von Baumrinde gemachte grün und roth gefärbte Hüte, so denen Lichtschirmen an Gestalt ähnlich waren, die man über den Kopf zu setzen pflegt; der Scheitel war dabey unbedeckt und schienen diese Hüte nur die Augen vor der Sonne zu beschirmen erfunden zu seyn. Zwischen dem Hut und der Stirn waren bey einigen bunte Falkenfedern, bey andern buschigt Graß eingesteckt, auf eben die Art, wie sich die Amerikaner auf der Ostseite um Brasilien mit Federbüschen zieren. Von diesen Hüten könnte man abermals einen Grund hernehmen zu muthmaßen, daß die Amerikaner aus Asien abstammen, weil die Kamtschadalen und Koraken eben dergleichen zu tragen gewohnt sind, wovon auch einige Arten vor die Kunst- und Naturalienkammer erkauft worden sind. — Als wir den Amerikanern durch vieles Winken zu verstehn gaben, daß wir einen solchen Hut von ihnen verlangten, reichten sie uns deren zwey dar. Auf dem einen war ein kleines von Knochen ausgeschnitztes Bild oder sitzender Abgott angeheftet, der eine Feder im Hintern stecken hatte, so ohne Zweifel den Schwanz vorstellen sollte. Wir beschenkten sie dagegen mit einem rostigen eisernen Kessel, fünf Nähnadeln und einem Faden. Als sie nun den Tausch erwogen und mit einander zu Rathe gegangen waren, ruderten sie ohne weitere Umstände nach dem Lande, machten ein großes Feuer und schrien eine Zeitlang sehr laut.

Bald darauf ward es finster, und wir haben sie nach diesem nicht wieder gesehn.

Ich bemerkte bey dieser Gelegenheit abermals daß diese Leute es vor einen sonderbaren Zierrath halten, aller Orten im Gesicht, so wie wir an den Ohrläppchen, Löcher zu bohren und sich verschiedne Steine und Knochen darein zu setzen. Einer von diesen Kerlen hatte sich einen schiefersteinernen Griffel, auf dritthalb Zoll lang, quer durch die Scheidewand der Nase gestochen, vollkommen denenjenigen ähnlich, womit wir auf Rechentafeln zu schreiben pflegen. Ein andrer hatte einen drey Zoll langen Knochen quer über das Kinn gleich unter der Unterlippe durchgestochen. Wieder ein andrer hatte einen ähnlichen Knochen in der Stirn eingesetzt, und einer endlich hatte dergleichen gar in beyden Nasenflügeln. Woraus man sieht, wie leichtsinnig man mir im Jahr 1741 vor der Abreise von Awatscha widersprochen, da ich unter andern meldete, wie ich die Tschuktschen vor Amerikaner hielte, oder doch glaubte daß sich Amerikaner unter ihnen aufhielten; indem ich von mehr als zehn verschiednen Leuten vernommen hatte, daß sich unter ihnen Menschen befänden welche Stücker von Wallroßzähnen in der Nase und Wangen eingesetzt trügen, wie nach dem Bericht der Russen, welche mit den Tschuktschen mittelbare Gemeinschaft gehabt, alle auf dem festen Lande gegenüber wohnhafte als Zierrathen tragen sollen.

Endlich bemerkte ich noch an allen diesen Amerikanern, daß sie sehr wenig, die mehresten unter ihnen aber gar keinen Bart haben, worin sie abermals mit den Einwohnern von Kamtschatka und andern östlichen sibirischen Völkern übereinkommen.

Es bleibt aber bey dem allen noch die Frage zu erörtern übrig, ob diese Amerikaner Einwohner des festen Landes,

Landes, oder bloß der Inseln seyn mögen. Ich halte dafür, daß diese Leute auf den Inseln nicht beständig wohnen, sondern sich nur den Sommer über darauf befinden, den Winter aber am festen Lande zubringen. Theils mag die Menge von Vögeln und Vögeleyern, welche auch die Kamtschadalen mit der größten Lebensgefahr von den Klippen hohlen, ohngeachtet alle Jahr einige darüber die Hälse brechen, diese Leute hieher locken; theils gehen sie vielleicht den auf die vorliegenden Inseln ausgeworfnen Wallfischen und daselbst häufigern Seehunden nach, deren Speck ja auch bey den Kamtschadalen allen andern Leckerbissen vorgezogen wird. Daß sie aber im Winter nach dem festen Lande zurückgehn ist um destomehr wahrscheinlich, je weniger man wegen Mangels an Bau = und Brennholz hier überwintern kann *), und da ohnehin das Eiland, wo wir Wasser genommen, im Norden mit dem festen Lande zusammenzuhängen scheint, auch die andern alle nicht weit davon abgelegen zu seyn scheinen.

Obgleich am 6ten September den ganzen Tag über trübes Wetter war, giengen wir dennoch, weil der Wind S. W. gen S. und zum Auslaufen sehr dienlich war, um die östliche Seite der Insel zwischen zwey Eylanden in die See. Die Amerikaner erhuben zum Abschied nochmals ihre Stimme am Lande, und uns kam vor, als ob in der östlich gegenüber liegenden nahen und niedrigen Insel Menschen und Hütten wahrgenommen würden. Sonderlich verwunderten wir uns, als wir auf eine halbe Meile in der See waren, über die unzählige Menge Seevögel, so wir auf der nordlichen Seite der Insel erblick=

---

*) Steller kannte nicht die unterirrdische Hütten der Insulaner, und ihre gleich den Grönländern dem Frost trotzende Härte; bedachte auch nicht daß sie an Treibholz auf den Inseln fast überall einen genugsamen Vorrath haben können; wovon man unten ein mehreres lesen wird. A.

blickten. Ich bemerkte hier außer denen Urillen (Pelecani), Alken, Seepapageien, Möwen, Glupischen (Procellaria glacialis) und Grönländischen Seetauben, eine ganz schwarze Schnepfe, mit rothem Schnabel und Füssen, welche beständig, wie die Redshanka Raji. mit dem Kopfe winkte; ingleichen einen wunderschönen, noch niemals gesehenen, schwarz= und weißbunten Taucher; andrer wunderlichen und vorher niemals gesehenen Vögel zu geschweigen. Uebrigens war uns der Wind dergestalt günstig, daß wir gegen zwey Uhr Nachmittag Land und Inseln aus dem Gesicht verlohren. Die vielen Wallfische aber, so uns begegneten, und wovon sich einer aufrecht, über die Hälfte seiner Länge, aus der See emporhub, gaben allerdings zu verstehen, daß ein Sturm vorhanden sey.

Den 7ten September waren Wind und Witterung, wie am vorigen Tage beschaffen. Man befand sich gegen 12 Uhr Mittags schon über zwanzig Meilen von der letzten Insel entfernt. Nachmittags verstärkte sich der Wind und die zunehmende Bewegung der Wellen nöthigte uns die Seegel zu mindern. Die ganze Nacht hindurch stürmte es sehr heftig, daß man allein unter dem Besantseegel trieb. Bey diesen Umständen, der späten Herbstzeit und weiten Entfernung von Awatscha, entfiel sowohl den Gemeinen als Offizieren der Muth auf einmal; das ungesunde Wasser verminderte schon jetzt die Anzahl der Gesunden von Tag zu Tag und man hörte sehr viele über zuvor ungewöhnliche Uebligkeiten klagen. Derowegen fing man schon an, an der Heimkunft zu zweifeln und die Frage zu erörtern, ob man in Japan oder Amerika überwintern solle; da man doch zu beyden keine rechte Lust hatte.

Den 8ten September war den ganzen Tag das Wetter trübe; der Wind hingegen minderte und drehte sich,

derge=

dergestalt, daß er Vormittags West gen Norden, und Nachmittags West gen Süden war, dahero man mit beyden Winden allmählig nach Süden gieng und sich gegen Abend auf dem Parallel von Awatscha auf 53 Graden befand. Die Nacht über stillte es völlig ab.

Den 9ten September gegen Morgen bekamen wir einen gelinden Wind aus Osten, mit dem wir bis acht Uhr zu anderthalb, bis zwey Knoten fortrückten. Darauf nahm er dergestalt zu, daß gegen zehn Uhr vier Knoten, oder jede Stunde eine Meile fortgetrieben wurde. Am Morgen regnete es bey trüben Himmel; Nachmittages aber wurde es auf dem Horizont sehr klar, wiewohl ohne Sonnenschein. Vermöge der geführten Rechnung glaubte man sich gegen 12 Uhr noch 312 holländische Meilen von Awatscha entfernt.

Den 10ten September regnete es gegen Morgen, war dabey trübe. Dennoch ließ sich gegen Mittag die Sonne etwas sehn, und es klärte sich nach diesem auf dem Horizont allmählig auf. Der Wind war Anfangs SSW. und darauf SW. gen Süden. Man rechnete sich gegen Mittag 298 Meilen von Awatscha. Zu bewundern war, daß man aus so langer und vieler Erfahrung noch nicht verstehen konnte, daß diese Windesveränderungen abermals von der Nähe des Landes verursacht wurden, daß man folglich, ohne auf den Parallel zu achten, sich südlicher wenden sollte; da das Land sich südlicher zog und unfehlbar südlicher zu vermuthen war, auch solches dadurch ferner bekräftigt wurde, daß man Seepapagaien, den Johann von Gent (Pelecan. Ballanus) und andre Möwen beständig aus Norden und Westen nach Süden fliegen sahe, auch bereits einige Seekräuter, wie bey Annäherung des Landes, angeschwommen kamen.

Den

Den 11ten September waren die Winde und Witterung wie Tages zuvor beschaffen. Man legte zwanzig Meilen innerhalb vier und zwanzig Stunden ab, und rechnete sich gegen Mittag noch 278 Meilen von Awatscha; die Wahrzeichen vom Lande sahe man heute wie gestern.

Den 12ten September war den ganzen Tag trübes und dunkles Wetter, dabey Windstill. Die Zeichen an Vögeln und treibenden Sachen blieben wie vor. Anstatt daß man nun gegen Abend einen glücklichen Wind erwartete, bekamen wir den Wind grade aus Westen mit einem Regen entgegen, und kam man in diesem Ettmal nur zwey Meilen weiter.

Den 13ten September war ein heitrer Tag. Gegen Morgen fand sich ein NW. g. W. Wind ein, hielt bis zwey Uhr Nachmittags an, und stillte sich nach diesem ab. Uebrigens sahe man viele Wallfische spielen und vermuthete nichts Gutes.

Den 14ten stürmte es den ganzen Tag und die Nacht aus NW. sehr hart, und sahe man sich genöthigt gegen 12 Uhr Mittags, da man sich 258 Meilen von Awatscha rechnete, zu treiben.

*) Den 15ten erfreute uns ein angenehmer Tag. Gegen Mittag kam die längst gewünschte Sonne wieder zum Vorschein. Die ungewöhnliche Kühle gab uns Hoffnung zu nordlichen Wind, mit welchem wir allmählig wieder auf unsern Curs kommen könnten. Dieses wäre auch vielleicht also erfolgt, wenn wir
westli-

---

*) Weil im teutschen Original die Hälfte eines Blattes sehr beschädigt war, so hat hier alles vom 15ten und 16ten September, ingleichen vom 19ten bis 21sten und vom 24sten September Erzähltes aus der Uebersetzung müssen ergänzt werden. A.

westlicher im Canal, oder ein Paar Grade südlicher gewesen wären. So aber waren wir zu nahe am Lande, so daß sich auch gegen Abend eine Eule um unser Fahrzeug sehn ließ. So zeigten sich auch Flußmöwen und bey sechs Stück Swinky oder Sturmfische wälzten sich um uns her, woraus wir deutlich genug den bevorstehenden Sturm vermuthen konnten.

Den 16ten September erhob sich gleich nach Mitternacht ein Südostwind, welcher bis 9 Uhr dauerte, auf einmal aber von Süden nach Westen und von da nach Norden herumsprang, wieder nach Westen zurücklief und gegen drey Uhr Nachmittag, da es zu regnen anfing SSW. blieb. Doch war man den Vormittag so weit mit demselben vorausgesegelt, daß man sich um zwölf Uhr noch 240 Meilen von Awatscha rechnete. Dieses war das erste Spiel mit dem Südostenwind, der uns nach diesem dergestalt oft begegnet und bekannt worden, daß man dessen Tour eigentlich zum voraus wußte. — Wir sahen den Nachmittag eine sehr große Menge Seekraut aus Norden gegen unser Fahrzeug treiben, und dergleichen große Büschel, eben wie den 2ten August und die folgenden Tage, da wir unter und zwischen den amerikanischen Eilanden waren.

Den 17ten September hatten wir heftigen und dabey sehr veränderlichen Wind, doch blieb er meistentheils Nordwest gen West. Gegen Mittag rechnete man sich 234 Meilen von Awatscha. Den ganzen Tag sahe man Vögel aus Norden nach Westen fliegen.

Den 18ten September hatten wir Streifregen, der Wind SW. gen W. Gegen Mittag befand man sich 229 Meilen von Awatscha. Beym Untergang der Sonnen beobachtete ich große Schwärme kleiner Schnepfen und andre Landvögel aus Norden nach Westen fliegen.

Den

Den 19ten Sept. war helles Wetter, aber dabey ziemlich kalt. Der Wind war NW. z. W. Zu Mittag fanden wir uns 226 Meilen von Awatscha und sahen zu wiederholtenmalen Seebiber. Den 20sten war Wind und Wetter wie am vorigen Tage und in der Nacht wurde es ganz Windstill.

Der 21ste brachte sehr angenehmes Wetter mit Sonnenschein. Die See war so ruhig, als wir sie seit zwey Monaten nicht gesehn hatten. Gegen Abend kam der SO. auf, aber um 2 Uhr nach Mitternacht wendete sich der Wind und ward NW. z. W. — Der 22ste war sehr angenehm; der Wind NW. z. W. — Den 23sten stürmte es den ganzen Tag und die Nacht, und giengen wir mit SW. nordlich. Diesen Abend verstarb der Zweyte von unserm Fahrzeug, Grenadier Tretjakof.

Den 24sten Sept. war fast den ganzen Tag trübes Wetter. Gegen Abend wurden wir zu unserm größten Schrecken Land vor uns unter 51 Grad ansichtig und viele Inseln schienen nur drey oder vier Meilen von uns zu liegen. Man nahm die Peilungen vom Lande, weil man aber allzu nahe und allzu nordlich war, auch mit dem Südwestenwinde grade nach dem Lande gieng, ohne solches in Süden vorbeypassiren zu können, so kehrte man eiligst nach Osten zurück in die See; welches wir nicht würden nöthig gehabt haben, woferne man sich durch die längst bekannten Merkmale vom Lande, bey so vielfältiger Erinnerung hätte warnen lassen und südlicher gegangen wäre. Allein sogar hatte beynahe noch diesen Morgen zu unser aller Verderben, der unglückliche Vorschlag des Meisters Chytrew noch Beyfall gefunden, noch nordlicher zu gehn, weil er sich vorstellte, daß sich das Land grade nach Westen auf der Breite von 56° auslänge, auch vermeynte schon im Canal zu seyn. — Das größeste Glück war, daß wir das Land noch bey Tage und vor dem kurz darauf erfolgten Sturm zu sehn bekamen, weil wir sonst in der Nacht gewiß darauf gelaufen oder auch wider unsern Willen mit dem Südostwind, ohne eine Ausflucht zu haben, wären getrieben und daran zerscheitert worden. In dieser Bestürzung verlautete von ohngefähr unter den Offizieren, dies sey gewiß der Ort, wo wir den Herrn Capitain Tschirikof verlohren. Und wurde uns freylich damals, als wir nach überstandnem Sturm nach Süden giengen von den Leuten angesagt, daß man Land in Norden gesehn; so wir damals nicht geglaubt und also des rechten Weges verfehlet. Ohnzweifel hat der Herr Capit. Tschirikof das Land hier angelaufen, wie ich dieses Umstandes schon zu Anfang dieser Beschreibung Meldung gethan *).

Den 25sten September trieb man bis Mittag bey vergrößertem und anhaltendem Sturm mit den Untersegeln, Bisant und Fok, (so wie auch die vorige Nacht), um vom Lande abzukommen nach Südosten, in beständiger Gefahr, wegen des allzugewaltigen Windes, die Stänge und Masten zu verlieren. Nachmittag fing man an nur allein unter dem Bisantsegel zu treiben, weil man sich schon ziemlich weit vom Lande entfernt, und wegen des westlichen Windes nicht mehr zu besorgen hatte sich am Lande zu verlieren.

Den 26sten Sept. legte sich zwar der Westwind ein wenig, aber die unruhige See blieb in ihrer Bewegung, und giengen wir schon den dritten Tag zurück nach Südosten.

Den

---

*) Die Lage des hier erwähnten, auf Behrings Hin- und Zurückreise unter 51 Grad bemerkten Landes, trift so ziemlich mit den itzt wohl bekannten Aleutischen Inseln überein, und der obwaltende Unterschied ist zweifelsohne von den Zufälligkeiten einer ungestümen Schiffahrt herzuleiten.

Den 27sten September bekamen wir abermals einen sehr heftigen Sturm aus Südost, der sich aber nach einer Stunde Westen wendete, und mit der äußersten Heftigkeit fortsezte. Man hörte unterweilen den Wind, wie aus einem Canal, mit solchem entsetzlichen Pfeifen, Wüten und Toben ansetzen, daß wir alle Augenblicke in Gefahr waren, Masten oder Steuer zu verlieren, oder auch von der Macht der Wellen das Fahrzeug selbst beschädigt zu sehn, indem selbige dergestalt anschlugen, als wenn man aus Canonen schösse, und waren wir alle Augenblicke des lezten Stosses und Todes erwartend; Ja der alte und erfahrne Steuermann Andreas Hesselberg, wußte sich aus seiner in funfzig Jahren zur See erhaltenen Erfahrung nicht zu entsinnen, einen diesen, auch nur ähnlichen Sturm je erlebt zu haben.

Den 28sten September dauerte der Sturm mit noch grösserer Heftigkeit und untermischtem Hagel, Blitzen und Regen fort. Wir trieben nun den fünften Tag immer zurück nach Südosten.

Den 29sten September ließ es sich den Tag über an, als ob es abstillen wollte. Gegen zehn Uhr in der Nacht aber kündigte der auf einmal nach Südosten umgesprungne Wind abermals den entsetzlichsten Sturm an, kehrte sich darauf wieder nach Westen, und dauerte wie zuvor fort.

Den 30sten bekamen wir in der Morgenstunde um 5 Uhr einen so gewaltigen und verdoppelten Sturm aus Südwesten, als wir weder vorher noch nach diesem gehabt, uns auch unmöglich vorstellen konnten, daß er grösser seyn, oder wir denselben auszustehn im Stande wären. Wir warteten alle Augenblicke auf die Zerscheiterung unsres Fahrzeugs, und konnte niemand weder liegen, sitzen, noch stehn. Keiner vermochte mehr auf seinem Posten zu stehn, sondern wir trieben unter Gottes Gewalt, wohin der so erzürnte Himmel mit uns wollte.

Die

Die Hälfte von unsern Leuten lag krank und schwach; die andre Hälfte war aus Noth gesund, aber von der entsetzlichen Bewegung der See und des Fahrzeuges ganz verrückt und sinnenlos. Es wurde zwar viel gebetet, allein die binnen zehn Jahren in Sibirien aufgesammleten Flüche, wollten keine Erhörung gewähren. Ueber das Fahrzeug konnte man nicht einen Faden hinaus in die See sehn, weil man beständig zwischen den grausamen Wellen begraben lag. Zudem kam noch, daß man weder kochen konnte, noch etwas kaltes zu genießen hatte, außer halb verbrannten Zwieback, der doch auch schon auf die Neige gieng. Bey so bestallten Sachen war weder Muth noch Rath bey jemanden mehr zu finden. Man fieng an allzuspät zu bereuen, daß man die Sache nicht recht angegriffen, und dieses und jenes versehen. — Niemand bilde sich ein, daß diese unsre Umstände hier zu gefährlich vorgestellt sind, sondern glaube vielmehr, daß auch die beredteste Feder unser Elend zu beschreiben sich zu schwach würde gefunden haben.

Den 1sten October hielt dieser entsetzliche südwestliche Sturm mit gleicher Heftigkeit an. Und erst nun fiengen die Officiere an darauf zu denken, daß, wenn Gott den Sturm überstehen hülfe, man in Ansehung dessen, daß in der späten Herbstzeit die Witterung allzuhart und unbeständig, man schon allzuweit nach Osten zurück getrieben worden, und die Leute sich meist alle krank und ohnmächtig befanden, einen Hafen in Amerika suchen wollte. Denn ein paar Grad südlicher zu gehn, war ihnen allzusehr aus dem Wege. Aber ich konnte auch jezt nicht glauben, daß es mit der Entschliessung Ernst sey, weil ein jeder seine Güter und Sachwalter (Prikastschik) auf Kamtschtka hatte. — Heute, und vorher schon am 24sten September bemerkte ich zwey Phänomene welche ich noch in meinem Leben nicht gesehen hatte, nemlich die ignes lambentes oder Castor und Pollux, welche

F 2   die

die Seeleute Mohrfeuer nennen, und dann den entsetzlich schnellen Lauf der Wolken, die während dem Sturm mit unglaublicher Geschwindigkeit, wie ein Pfeil, vor unsern Augen hinschossen, ja oft aus entgegengesezten Gegenden mit gleicher Schnelligkeit einander begegneten und kreuzten.

Den 2ten October fieng es endlich an abzustillen, wozu aber die See mehr als 24 Stunden Zeit nöthig hatte; doch verblieb der Wind südwest und die Luft trübe. Man befand sich vom 24sten September über funfzig Meilen gegen Osten zurückgetrieben. Wir hatten vier und zwanzig Kranke und zwey Todte. — Wie ich gedacht hatte, so kam es auch: Man redete schon wieder von Kamtschatka, wohin uns doch Gott in diesem Jahre nicht lassen wollte. — Allein die Freude währte nicht lange, denn gegen zehn Uhr in der Nacht bekamen wir abermals einen Südostenwind mit den gewöhnlichen heftigen Zufällen und Sturm, wodurch die Gemüther aller wiederum so wankend wurden, als ihnen die Zähne vom Scorbut schon waren.

Den 3ten October trieben wir, wegen allzuheftigen Sturms unter dem Bisantsegel, dabey war zum erstenmal die Luft sehr klar, und außerordentlich kalt. — Den 4ten fieng es an bey wenigem abzustillen; die Luft blieb klar und sehr kalt, obgleich wir einige Stunden Sonnenschein hatten; wir gebrauchten auch die Untersegel. Allein die Freude währte nicht lange, sondern ward durch einen Südostwind mit Regen, und dann einen heftigen Sturm aus Südwesten auf einmal unterbrochen; doch wir waren nun schon der Stürme sowohl, wie des täglichen Sterbens gewohnt. — Auch den 5ten October trieben wir noch unter dem Bisantsegel; bey der Heftigkeit des Sturms war die Luft sehr klar und außerordentlich kalt.

Den

Den 6ten October trieb man ebenfalls unter dem Bisant; denn obgleich der Sturm etwas nachließ, gieng dennoch die See allzuhoch. Wir sahen die mehreste Zeit des Tages die Sonne; doch liefen einige Hagel= und Schneestürme mit unter, und sahe man kurz darauf zu zweienmalen Regenbogen; dabey war es sehr kalt. Gegen Abend sahe man viele Haien (Canes Galeos), zum erstenmal auf dieser Reise, um unser Fahrzeug sich bewegen. In der Nacht legte sich der Wind. Diesen Tag nahm unser Schifsbrantewein ein Ende.

Den 7ten October war die Luft kalt und klar. Man fing morgens um 7 Uhr abermals an, sich der untern Seegel zu bedienen, doch wegen der allzuhohen Wellen mit schlechtem Fortgang. Der Wind war S.W.j.W.

Den 8ten October war am Tage Wind und Wetter wie am gestrigen; gegen Abend um drey Uhr aber sezte der unglückliche Südostwind mit größter Macht auf einmal an. Zwey Stunden darauf bekamen wir mit Westenwind abermals einen sehr harten Sturm mit untermengtem Regen und Hagel. Es schien hiebey als wollte man sich endlich einmal nach Amerika zu gehen resolviren, weil man auch unterm Sturm mit Untersegeln Nordosten angieng.

Den 9ten October wurde der Sturm noch heftiger, daher trieb man den ganzen Tag nach Nordosten; doch hatten wir heute Sonnenschein und eine sehr helle Nacht. Den 10ten dauerte der Sturm mit gleicher Heftigkeit fort. Der Lieutnant Waxel ließ sich eifrig angelegen seyn, den Herrn Capitain=Commandeur, der wieder wegen allzuviel genossener Ruhe sehr hart am Scorbut danieder lag, zu bereden, daß er doch mit einstimmen sollte, daß man sich dem Lande Amerika nähern möchte, um daselbst zu überwintern, weil man doch die Unmöglichkeit vor Augen sähe, auch binnen einigen Tagen nicht mehr im Stande seyn würde, Segel und Fahrzeug, wegen der vielen Kranken zu regieren, da wir denn dem Ansehn nach alle und jede, mit allen Effecten, ohne Rettung verloren seyn würden. Allein der Herr Commandeur, welcher nun so oft hintergangen worden, traute nunmehr einem so wenig als dem andern, und schloß seine ganze Meinung in dem Befehl ein, man möchte ein Gelübde thun, um Gelder einzusammlen, die Russen vor die Expeditionskirche in Awatscha, die Lutheraner aber vor die Kirche in Wyburg.

Den 11ten October bekamen wir sehr schönes helles Wetter und Sonnenschein. Der Wind war W N W. wir aber giengen S W. Gegen die Nacht stillte es völlig ab, und wurde so still als den 21sten September. Um ein Uhr aber nach Mitternacht fieng ein starker Südwind an zu wehen, mit welchem wir dergestalt nach Westen eilten, daß man jede Stunde über 1¾ Meilen zurücklegte. Den 12ten giengen wir mit diesem Winde West gen Norden; gegen Mittag aber drehte sich der Wind Südwestlich; und um 6 Uhr Abends bekamen wir abermals einen heftigen Sturm, mit Schnee, Regen und Hagel. Man sahe auch einen Regenbogen. u

Den 13ten October legte sich der Sturm. Man lavirte wegen des contrairen Westwindes zwischen Süden und Nordwesten. Vormittags sahe man zum östern die Sonne, Nachmittag aber fieng es streifweis bald an zu regnen, bald zu hageln, und da sahe man gegen Abend abermals einen Regenbogen. Den 14ten stillte die See völlig ab. Die Luft war dabey aufgeklärt und Sonnenschein, dabey aber ziemlich kalt. Diesen Tag fieng man abermals an von Amerika zu sprechen. Den 15ten hatten wir den ganzen Tag Sonnenschein, mässige N W. Winde und eine stille See.

Den

Den 16ten October war die Witterung sehr angenehm und warm, die See still. Gegen Abend um 6 Uhr sendete uns Gott einen starken Südwind, mit welchem wir anfangs drey, bald darauf vier Knoten fortseegelten. In der Nacht wandte sich der Wind östlich, daß wir fünf, sechs, siebenthalb fortliefen. Mit Anbruch des Tages lief der Wind Nordost und wurde so stark, daß wir nur mit den Unterseegeln gehn durften.

Den 17ten October regnete es den ganzen Tag. Wir segelten nunmehr zum erstenmal 24 Stunden mit einem beständigen Nordostwind, wiewohl er allzustark war. Nachdem man binnen zwanzig Stunden 24 Meilen zurückgeleget, nahm der Wind dermassen zu, daß man von Abends um vier Uhr abzutreiben genöthigt war. In der Nacht stürmte es ziemlich hart, fieng aber am Morgen an still zu werden.

Den 18ten October war es wechselsweise bald helles, bald trübes Wetter, dabey sehr kalt, die See ziemlich ruhig, der Wind N W. gen N. Wir segelten den ganzen Tag über zwey, auch dritthalb Knoten S W. gen W. Nunmehro hatten wir 32 Kranke; sowohl aber die Kranken als nur aus Noth Gesunde waren über den veränderlichen Wind äußerst niedergeschlagen. Den 19ten waren Winde, Curs und Witterung wie am vorigen Tage beschaffen; es starb der Grenadier Kisselow. — Den 20sten waren Winde, Curs und Witterung mit dem vorigen einerley, doch stürmte es in der Nacht. Diesen Tag starb der Slusive Charitonow. — Den 21sten war im Winde und Curs nichts verändert; gegen Abend aber bekamen wir einen Sturm, und verstarb der Soldat Luca Sawialow.

Den 22sten October bekamen wir helles Wetter, Sonnenschein, starken Frost, westlichen Wind, und richtete fete man den Curs N. gen O. grade nach dem festen Lande zu, welches man auf einmal fest beschloß, weil dem Lieutenant Waxel war rapportirt worden, daß nur noch 15 Fässer Wasser vorhanden wären, wovon drey schadhaft worden, und meist ausgelaufen. Denn man hatte, nach so vielen andern schweren Kosten, doch nicht eiserne Reifen an die Tonnen wagen wollen, da doch hölzerne Bänder bey einer so langen Reise im Fahrzeuge faulen.

Den 23sten October änderte sich der Wind, und mit dem Winde die eifrige Meynung der Officiers nach Amerika zu gehn. Man lief daher Vormittag mit Südosten-, Nachmittag und die Nacht dergestalt mit Ostwinden, ohngeachtet des üblen Wetters und der strichweise fallenden Schlossen, daß man binnen 24 Stunden 31 Meilen zurücklegte, und so liefen wir mit 13 Fässern Wasser unter Amerika ab, um entweder Kamtschatka zu erreichen, oder bey der ersten Gelegenheit auf die erste beste Insul aufzulaufen; welches öffentlich gesprochen wurde, um denen kranken Leuten den Muth noch mehr zu benehmen.

Den 24sten October waren Wind und Witterung wie am vorigen Tage, gegen Abend aber wurde der Wind nordlich. Man kam damit so weit, daß man nach Herrn Waxels Rechnung 134 nach des Untersteuermanns Juschin 122 Meilen bis Awatscha zu haben glaubte, und näherte man sich allmählig dem Parallel von 53° weil man kein Land mehr im Wege zu seyn glaubte, und der Entschluß gefasset, sich beständig auf 52° zu erhalten, damit man sich bey vorfallendem äußersten Wassermangel aller Winde am Lande Kamtschatka bedienen könnte; wo der Wind nordlich wurde, wollte man zwischen die erste und andre kurilische Insel laufen, und daselbst vor Anker stehn, wo er aber aus Süden kommen würde, könnte man desto ungehinderter in den Hafen Awatscha einlaufen;

laufen; die Ostwinde waren ohnedem zu allem vortheilhaft. Dieses Projekt war vom Herrn Lieutenant Wagel aufs Tapet gebracht, und allerdings das vernünftigste, im Fall man, ohne sich etwas anders abhalten zu lassen, nach Awatscha kommen wollte. — Aber die Zeit wird lehren wie beständig man dabey gewesen, und warum, ingleichen auf wessen Anstiften man ohne allen Grund fünf Tage nachher freventlich davon abgegangen; welches denn der Ruin vieler und des Fahrzeugs, ja aller gewesen wäre, wo uns nicht Gott augenscheinlich durch ein Wunder erhalten hätte, woran die Herren Officier so wenig Theil haben, als sie zu haben ihr eigner Verstand und Gewissen vermuthlich überzeugt. — Uebrigens nahm die Noth und das Sterben auf unserm Fahrzeuge mit einmal dergestalt überhand, daß nicht nur die Kranken dahin starben, sondern auch ihrem eignen Vorgeben nach gesunde Leute vor Mattigkeit auf dem Posten abgelöst todt niederfielen; worzu die geringe Wasserportion, der Mangel an Zwiebacken und Brandtwein, die Kälte, Nässe, Blöße, Ungeziefer, Furcht und Schrecken nicht die geringern Ursachen waren.

Den 25sten October hatten wir sehr klares Wetter mit Sonnenschein. Dennoch hagelte es Nachmittags zu verschiednenmalen. Am Morgen erblickten wir mit Verwunderung eine grosse hohe Insel auf 51 Graden von uns in Norden, welche wir auf der Hinreise vierzig Meilen von uns in Osten hatten. Man befand sich am Mittag auf 50 Grad 35 Minuten Norderbreite.

Den 26sten October war die See sehr still, die Luft trübe, frostig, und hatten wir zu vielenmalen Absatzweise Schnee und Hagel. Gegen Mittag rechnete man sich noch 103 Meilen von Awatscha.

Den 27sten October bekamen wir nach 1 Uhr in der Nacht SSW. Wind, und giengen damit die Nacht und den Tag über Nordwesten an, um auf die abgeredete Breite von 52 Graden zu kommen. Am Mittage rechnete man sich noch neunzig Meilen von Awatscha. Nachmittag verwandelte sich der Wind in einen Sturm; dennoch aber, da man izt kühner worden, auch das Fahrzeug und unsre Masten besser kennen gelernt, behielt man die Marsseegel den ganzen Tag über. Man konnte nunmehro allzu deutlich merken, daß wir uns im Canal befanden, weil die Wellen auch bey entstandnem Sturm nicht so hoch, auch die Winde dergleichen schleunigen Veränderungen nicht mehr unterworfen waren. So bemerkte ich auch izt, daß die Wellen nicht mehr so stark als im September, bey gleich starken Sturm wüteten; vermuthlich weil izt die Luft dicker und stärker, folglich einen grössern Druck auf die Seefläche verursacht. Daher ist auch zu erläutern, daß nunmehr die Luft klar und heller ist, da hingegen im Frühling und Sommer nichts als Nebel, dicke und trübe Luft herrscht, wenn nemlich die West-, Südwest- und Südwinde, so meist den Frühling und Sommer über beständig wehen, die Luft mit lauter Feuchtigkeiten anfüllen, die auch bey dann und wann entstandnen Nordwind nur hin und her getrieben, aber nicht zerstreuet werden. Allein durch die Kälte der Luft gerinnen diese Feuchtigkeiten unter der Gestalt von Hagel und Schnee, fallen also herunter, dergestalt, daß nach jedem Squall die Luft klärer wird; worauf es denn so lange still bleibt, bis sich wieder neue Materie an der vorigen Stelle gesammlet.

Den 28sten October erstaunten wir abermals am Morgen über eine Neuigkeit: Als es Tag wurde sahe man eine starke Veränderung am Wasser, woraus sich nicht undeutlich abnehmen ließ, daß man sich nahe am Lande befinden müsse. Als man das Loot fallen ließ, befand man sich auf einer Tiefe von vierzehn Faden. Kurz darauf

darauf klärte sich die Luft auf, und da sahen wir eine Insel vor uns, recht in unserm Wege, und nur noch etwan eine Meile entfernt. Sie lag N O. u. S W. vom Lande Amerika ab, schien nicht allzu hoch, sondern ein niedriges Land, auch waren ihre Ufer platt und sandig. Hier hatten wir nun augenscheinlich die gnädige Hülfe Gottes zum andernmal zu ersehn Gelegenheit; denn es wäre unfehlbar um uns gethan gewesen, wo wir ein Paar Stunden ehender, und noch bey düstrer Nacht in diese Lage gekommen wären, oder wo Gott nicht noch izo den Nebel vertrieben hätte. Wir konnten gar wohl schliessen, daß außer den gesehenen Inseln noch viele andre hin und wieder seitwärts auf unsrer Reise gewesen waren, die wir bey Nacht und Nebel vorbey gesegelt seyn mochten, welches allerdings die beständig vom Lande nach uns treibenden Seegräser andeuteten. Wie denn auch in diesen Tagen eine kleine Taucherart Starik genannt bey der Nacht zu uns auf das Fahrzeug geflogen kam, welcherley Vögel auf Klippen zu übernachten pflegen, und so wie Eulen, bey Tage auf alles zu fliegen, was sie in der Dunkelheit nur undeutlich sehn; daher man sie um Awatscha in grosser Menge mit Händen lebendig haschet *), wenn man sich nur bey ihnen mit einem Mantel oder Kuklanke (Pelzoberrock der Kamtschadalen) niedersezt, wohin sie sich in ein fertiges Nest zu versammlen pflegen. — Unser Glück hierbey war, daß des Meisters Chytrew unglücklicher Anschlag nicht angenommen wurde: derselbe wollte, man solle hier in freier See vor Anker stehn, das Boot aussetzen um Wasser vom Lande holen zu lassen, ohngeachtet nur noch zehn ohnmächtige Personen übrig waren, so noch Hand anlegen konnten, die nicht

*) Hier scheint von derjenigen seltnen Alca die Rede zu seyn, welche in Pallas Spicil. Zool. beschrieben und abgebildet ist.

nicht im Stande gewesen wären ein Anker wieder aus dem Grunde zu heben; und bey dem drey Stunden darauf erfolgten Sturm hätten wir gewiß sämmtlich unser Grab in den Wellen gefunden.

Den 29sten October sezten wir unsern Curs mit eben dem Winde fort, es regnete den Tag über unterweilen. Den 30sten sahen wir abermals in der Morgenstunde, auf der Breite von 50 Graden einigen Minuten, zwey Inseln hart an einander liegen, so durch einen engen Canal von einander unterschieden waren. Man hielt selbige vor die beyden ersten Kurilischen Eyländer, besonders nach der Aussage und denen angegebnen Merkmalen der Kamtschatkischen Einwohner, die sich auf dem Fahrzeuge befanden. Weil sich aber niemand unterstehen wollte solches gewiß zu behaupten, so schlugen die Officiere es leichtsinnig in den Wind, gaben auch denen kein Gehör, welche vermeinten, das feste Land dahinter zu sehn. Und doch waren noch vier andre Gründe davor anzugeben; nemlich 1) die vielen Seeottern, die sich um unser Fahrzeug sehn liessen, und vorher während der Reise niemals so häufig zum Vorschein gekommen waren, die aber auf den Kurilischen Inseln wirklich so zahlreich sind; 2) der Westwind, den wir hier auf einmal bekamen, als ein Zeichen daß wir uns unterm Land befanden; 3) die beobachtete Breite,*) so mit den ersten Kurilischen Eilanden übereintraf; 4) die dicken Nebel, welche in Westen Land zu bedecken schienen, da es hingegen in Osten aufgeklärt war. Wenn man auch die Lage von Lopatka und den

---

*) Wenn nicht dieser eine Grund zuwider wäre, so würde ich vielleber vor gewiß setzen, daß die beiden Inseln, von welchen hier die Rede ist, die westlichsten von den nähern, eigentlich sogenannten Aleutischen Inseln mochten gewesen seyn, wenigstens bleibt dieses eine sehr wahrscheinliche Muthmassung. A.

den ersten Kurilischen Inseln zusammenhält, mit dem von darab genommenen fünftägigen Curs grade nach Norden, und dem darauf West gen Süden abgesegelten Abstand, bis wir zur Behringsinsel kamen; deren Lage, wie uns nachmals bekannt worden, von der Mündung des Kamtschatkastroms grade in Osten auf zwanzig Meilen entfernt liegt; so sieht man ohne allen Zweifel, daß wir an den zwoen ersten Kurilischen Inseln gewesen sind, obgleich die Herren Officiere solches bis diese Stunde weder wissen noch glauben wollen; da sie ohnedem auf die Frage, warum sie bis 56° noch Norden aufwärts gegangen, und sich folglich von ihrem eignen Entschluß, nicht über 52 Grad zu gehn entfernet, dadurch aber den Grund zu unserm Aussenbleiben, und dem endlichen Ruin des Fahrzeugs gelegt haben, — die Antwort ewig werden schuldig bleiben.

Man gieng demnach, wider alle Vernunft, nach Norden, weil, wie der Meister Chytrew zu Lieutenant Waxel sagte: unsre Rechnung sonst nicht auskommen würde, da sie noch über sechzig Meilen nach Awatscha rechneten. Sie wollten lieber unser aller Wohlfarth aufs Spiel setzen, als das Ansehn zu haben, darin gefehlt zu haben, wodurch zugleich, wo der Fehler nur bedeckt und nicht angegeben würde, sowohl die ganze Charte, als die Rechnung unrichtig und ungewiß gewesen wäre; da doch bey einer so weiten Reise, bey so vielen ausgestandnen Stürmen, nicht bemerkten Strömungen, laviren u. d. g. auch weil die gebrauchte Art die Länge zu bestimmen, (in Mangel einer bessern, zwar die beste) doch sehr vielen Unrichtigkeiten unterworfen ist, ein Fehler von dreyßig bis vierzig Meilen nicht übel würde ausgelegt werden, hingegen eine allzupünktliche Genauigkeit verständigen Leuten entweder ein Wunderwerk oder eine Windmacherey scheinen muß.

Außer

Außer diesem nichtigen Vorwand, scheint aus vielen Umständen, daß eine ganz geheime Ursache dahinter verborgen gewesen, welche auf eigennützige Absichten abzielte. Nemlich man wollte lieber nach Norden gehn, um die dringende Noth vorschützen zu können, warum man in die Kamtschatkische Mündung, und nicht nach Awatscha einlaufen müßte. Man konnte dieses theils aus dem üblen Verständniß mit dem Herrn Capitain-Commandeur, theils aus der Eifersucht des Lieutenants Waxel und des Meister Chytrew untereinander, nicht undeutlich abnehmen.

Den 31sten October, ingleichen den ersten, zweiten und dritten November, fiel nichts merkwürdiges vor, außer daß unsre Kranken sehr eilig und viele auf einmal dahin starben, und man kaum mehr das Fahrzeug regieren oder an den Seegeln was ändern konnte. Wir giengen auf Gottes Gnade, unter zweyen Anführern, verrathen und verkauft nach Norden, auf 51. 52. 53. 54 55. und bis zum 56sten Grad. Den 4ten November, mitten in der Nacht, fieng man an mit dienlichen Winden nach Westen gen Süden zu gehn. Den 5ten morgens befahl man die Seegel zu mindern, um nicht auf das Land zu laufen. Jedermann stund auf der Decke und sahe sich nach Land um, weil die Sache nach allzu mathematischer Gewißheit angegeben wurde. Zu unser aller Erstaunen fügte es sich, daß man gegen 9 Uhr Land sahe. Wie groß und ausnehmend die Freude bey allen über diesen Anblick gewesen, ist nicht zu beschreiben. Die Halbtodten krochen herfür um solches zu sehn, und jedermann dankte Gott herzlich für diese grosse Gnade. Der sehr kranke Herr Capitain-Commandeur richtete sich nicht wenig auf, und ein jeglicher sprach davon, auf was Art man seine Gesundheit, nach so schrecklichem ausgestandnen Ungemach pflegen und ausruhen wollte. Es fand

sich

sich ein noch hier und da verstecktes Schälchen Brandtwein ein, um die Freude zu unterhalten. Man hörte die gelassenen Worte mit einer Heroldsstimme ausposaunen: Wenn auch tausend Navigators wären, sollten sie mit ihrer Rechnung nicht also auf ein Haar zutreffen; uns fehlt keine halbe Meile! — Man nahm die Prospecte von Awatscha vor die Hand, und fand das Land mit denenselben vollkommen einstimmig. Man zeigte Jsopa, das Vorgebürge Schipun, die Mündung des Hafens und den Majak. Obgleich man nach der Rechnung wissen konnte, daß man sich zum allerwenigsten auf 55 Graden befand, und Awatscha noch zwey Grade südlicher liegt, richtete man doch den Lauf nordlich, weil man ein Vorgebürge sahe, daß man vor Schipun hielt. Als man nun um das vermeintliche Jsopa, welches das äußerste Ende von der ersten Insel war, herumgelaufen, und schon in der Einbucht zwischen der ersten und andern Insel war; deren Canal man noch nicht sehn, noch sie vor Inseln halten konnte; so geschahe es, daß die Mittagssonne eine Observation zu nehmen veranlaßte, vermöge deren man sich zwischen 55 und 56 Grad Norderbreite befand, folglich, wie billig, anfieng zu zweifeln, daß dieses die Gegend um Awatscha wäre. Man bemühte sich um das nach Südosten gelegne Ende der ersten Insul, so man vor Jsopa gehalten hatte, zurückzukommen, aber vergebens; ob man solches gleich bis auf den Abend mit laviren versuchte. — Gegen Abend kehrte man nach Norden, um vom Lande abzukommen, weil man einen Sturm vermuthete, der sich auch in der Nacht wirklich einfand. Weil nun die Seegel ungereft an den Stengen und Masten stehn blieben, wie sie am Tage gestanden, auch bey zunehmenden Sturm dieselben in der Mitte der Nacht einzunehmen, dem ohnmächtigen Ueberbleibsel von Leuten nicht möglich war; so giengen am grossen Mast von der heftigen Gewalt des Windes und der

Seegel

Seegel die Wänden in Stücken; so daß man am Morgen, nachdem die unruhige und stürmische Nacht mit dem angenehmsten Tage und Witterung abgewechselt, sich nicht unterstehen durfte Segel zu führen, so viel man konnte und nöthig hatte. Daher schlug am 6ten November der Meister Chytrew, der vorher schon den Lieutenant Waxel auf seine Seite gebracht, auch alle Unterofficier und Gemeine beredet hatte, vor, daß der Herr Capitain-Commandeur, in Ansehung der späten Herbstzeit, des übeln Wetters und unbrauchbar gemachten Mastens, wie auch der Entfernung von Uwatscha und geringen Anzahl ohnmächtiger und kranker Matrosen und Soldaten, eine Commission halten sollte; worin sollte resolvirt werden, in die vor uns in Westen liegende Einbucht an das Land zu gehn, wo man dem Augenmaß nach auf sechs Meilen einen Hafen vermuthete. Und dieses wurde auch auf die unten folgende Art zu Stande gebracht. — Der Capitain-Commandeur bestund zwar darauf, daß da man schon mehr gewagt und ausgestanden, auch den Fockenmast gebrauchen könne, und noch sechs Fässer Wasser habe, nach dem Hafen zu kommen versuchen sollte. Allein die beiden Officier widersprachen seiner Meinung, und bestunden darauf, in der Einbucht ans Land zu gehn, hatten auch alle Unterofficier und Gemeine beredet, die gleichfalls darein willigten, aber doch nur dann unterschreiben wollten, wenn man sie als Unverständige versichern könnte, daß dieses das Land Kamtschatka sey; widrigenfalls wären sie bereit das äußerste noch zu wagen, und bis auf die lezte Stunde zu arbeiten. Weil nun der Meister Chytrew sie versicherte, wo dieses nicht Kamtschatka wäre, wolle er sich den Kopf abhauen lassen, so kam die Sache nur auf etliche wenige an, wovon doch auch noch einige, sowohl durch glatte als harte Worte, genöthigt wurden, wider ihren Willen zu unterschreiben. — Der Herr Capitain-Commandeur befahl darauf dem Adjutanten

tanten und damaligen degradirten Matrosen, nunmehrigen Herrn Lieutenant Offzin seine Meynung zu sagen. Als aber dieser des Capitain-Commandeurs Meynung beypflichtete, war der beyden Herrn Officiere Bescheid: Won (Heraus) Maschi, Hundsfort, Canaille! — und mußte also derselbe aus der Versammlung. Zulezt kam nach der beliebten Rangordnung auch die Reihe an mich; ich aber antwortete, an des Herrn Offzin Beyspiel mich spiegelnd: man hat mich in keiner Sache von Anfang an zu Rathe gezogen, wird auch meinen Rath, wo er nicht so ist, wie man ihn haben will, nicht annehmen, überdem sagen die Herren selbst, daß ich kein Seemann bin; also will ich lieber nichts sprechen. Darauf verlangte man von mir, ob ich nicht wenigstens als eine glaubwürdige Person, (wofür ich nun erst zum erstenmale gehalten wurde), ein Attestat schriftlich beylegen wollte, was die Krankheiten und den elenden Zustand der Leute beträfe; — welches ich denn nach meinem Gewissen zu leisten auf mich nahm. — Und also wurde beschlossen in die Bucht, und daselbst an das Land zu gehn, von da aber, um Podwoden (Schußpferde) zu der Leuten Transport nach Nischnei Kamtschatskoi ostrog zu schicken.

Ob nun gleich der Meynung, daß dieses Kamtschatka sey, die Lage widersprach, weil das feste Land Kamtschatka von Tschukotskoi Nos bis Lopatka N O. und S W. liegt, die vor uns befindliche, nochmals Behrings Eyland genannte Insel aber N W. und S O. lag, so blieb dennoch die Hofnung noch übrig, daß es ein Nos (Vorgebürge) von Kamtschatka seyn könne, welche meist bemeldete Lage haben. Hingegen schien das Land vor ein Nos von Kamtschatka allzugroß, da man kein Vorgebürge auf Kamtschatka kennt, welches dem funfzehn Meilen langen Schipunischen gleich käme, die vorliegen-

G de

de Insel aber nach dem Augenmaaß wenigstens auf 25 Meilen geschätzt werden konnte, auch überdem andre Landspitzen sich von daraus sehr weit in die See erstreckten; so daß man es mit allem Recht ehe vor ein besondres Land, als vor ein Vorgebürge hätte halten können. Am Ende mußte denn also wohl der Schluß dahin ausfallen, daß dieses weder das feste Land Kamtschatka, noch ein Vorgebürge davon seyn könne, welches auch überdem niemand von denen, die sich auf unserm Fahrzeuge befanden, kennen wollte; allein die von der ersten Beringschen Expedition her entstandne falsche Meynung, als wenn sonderlich auf dieser Breite, wo man die See auf funfzig Meilen vom Lande wollte untersucht haben, kein Eiland so nahe an Kamtschatka befindlich seyn könnte, war gar zu sehr eingewurzelt.

So gieng man denn grade auf das Land zu in die Einbucht, ohne sich weiter um etwas zu bekümmern. Als wir nun gegen Abend um 4 Uhr dem Lande so nahe waren, daß es kaum noch eine Meile von uns entfernt schien, binnen drey Stunden aber sich kein Officier auf der Decke mehr sehen lassen, wie es bey allen gefährlichen Umständen gewöhnlich war, und alle sanft und süße schliefen, gieng ich zum Herrn Capitain-Commandeur und bat, er möchte doch befehlen, daß nur ein einiger von denen Officieren auf der Wache verbliebe, weil es das Ansehen habe, als ob man ohne fernere Vorsicht auf das Land aufreiten wollte. Beyde wurden also zwar aufgerufen, die aber nicht mehr Vorsorge erwiesen, als daß sie grade nach dem Lande zu halten befahlen. Als wir darauf gegen Sonnenuntergang bis auf zwey Werste vom Ufer gekommen, fieng man an das Loth zu werfen, und näherte sich noch um eine Werste, wo man endlich auf neun Faden das Anker fallen ließ, und da es nunmehr schon Nacht, aber vom Mondenschein sehr helle war,

war, fieng nach Verfliessung einer halben Stunde ein so heftiger Wall oder Burun auf diesem Platz an zu gehn, der das Fahrzeug wie einen Ball hin und her warf, auf den Grund stoßen wollte, auch das Ankertau zerbrach, so daß man nicht anders als zu zerscheitern glaubte. Die Unordnung wurde durch das beständige Ueberschlagen der Wellen, Rufen und Klagen noch größer, dergestalt, daß man nicht mehr wußte, wer commandiren sollte oder commandirt wurde. Alles was die erschrocknen und von Todesangst eingenommenen Befehlshaber thaten, war, daß sie riefen: man sollte den andern Anker kappen und einen neuen in den Burun werfen. Als man solchergestalt in einer halben Viertelstunde zwey Anker verloren, kam endlich der nunmehrige Herr Lieutenant Offzin mit dem Bootsmann, und verboten, keinen Anker mehr zu werfen, weil solches vergebens, so lange man auf dem Ref zwischen den Wellen hin und her geworfen würde; sondern riethen vielmehr das Fahrzeug treiben zu lassen. — Als wir nun solchergestalt innerhalb der Bank und den Wellen gekommen, ließen diese Leute, welche allein bey Vernunft geblieben waren, den noch lezten Anker fallen, da wir denn zwischen dem Burun und Lande, wie in einer stillen See auf einmal ruhig und von aller Furcht zu stranden befreit lagen. — Die weisen Reden, welche während der augenscheinlichsten Todesgefahr geführt wurden, und worüber man sich selbst in der Noth kaum des Lachens enthalten konnte, kann man unter andern daraus schließen, daß einer fragte, ist das Wasser sehr salzigt, gleich als ob der Tod im süßen Wasser lieblicher wäre. — Ein andrer rief zur bessern Aufmunterung der bestürzten Leute: Ach Gott, wir sind alle hin! Ach Gott, unserm Fahrzeug, unserm Fahrzeug ist ein Unglück widerfahren! — Und nun machte Gott die Entschließung der Herzen offenbar, die sonst vor Courage bersten wollten. Der vorhin größte Redner und Rathgeber hielt sich so

lange

lange versteckt bis andre durch Gottes Hülfe Rath gefunden hatten, da er denn auch anfieng den Leuten weidlich Muth zuzusprechen, obgleich er selbst vor Herzhaftigkeit so bleich wie eine Leiche war. — Mitten unter dem Getümmel trug sich noch ein andrer lächerlicher Streich zu; wir hatten schon seit einigen Tagen den verstorbnen Trompeter und einen Soldaten mit uns geführt, um sie am Lande beerdigen zu können; nunmehro aber wurden sie ohne alle Cermonien über Hals und Kopf in die See geworfen, weil einige abergläubischen Leute im Anfang des Schreckens die todten Körper vor die Ursach der Bewegung angesehen.

Die Nacht war übrigens sehr angenehm und hell. Den 7ten November hatten wir abermals einen sehr angenehmen Tag und N. O. Wind. Ich war diesen Morgen mit Einpackung meiner Bagage beschäftigt, so viel ich davon in der Nähe bekommen könnte. Und weil ich augenscheinlich sahe, daß unser Fahrzeug sich nicht länger, als bis auf den ersten harten Sturm würde halten können, da es entweder in die See getrieben oder am Lande zerschlagen werden mußte, so begab ich mich mit Herrn Plenisner, meinem Kasacken und einigen kranken Leuten zuerst ans Land.

Wir waren noch nicht am Ufer, als uns schon eine fremde und bedenkliche Sache aufstieß, weil uns verschiedne Seeottern vom Lande in die See entgegen kamen, die wir anfangs von fern vor Bären, andre vor Vielfraße gehalten haben, nach diesem aber leider allzuwohl kennen lernten. — Sobald wir uns am Lande befanden, gieng Herr Plenisner mit der Flinte schießen, ich aber kundschaftete die natürliche Beschaffenheit der Gegend und kam, nachdem ich Verschiedenes beobachtet, gegen Abend zu den Kranken zurück, wo ich auch den Herrn Lieutnant Waxel sehr schwach und matt antraf. Wir erholten uns mit Thee. Unter andern äußerte ich:

Gott

Gott weiß, ob dieses Kamtschatka ist? — erhielt aber von jenen die Antwort: was wollte es sonst seyn? wir werden bald nach Podwoden (Pferden) schicken; das Fahrzeug aber wird man durch Kasaken nach der Mündung des Kamtschatkaflusses bringen lassen; die Anker kann man allzeit haben, das Vornehmste ist, daß man die Leute berge. — Während der Zeit kam auch Herr Plenisner zurück, erzählte seine Bemerkungen, und brachte ein halbes Dutzend Morasthüner, die er mit dem Herrn Lieutnant aufs Fahrzeug an den Capitain-Commandeur schickte, um denselben durch diese frische Speise zu erquicken. Ich aber schickte ihm einige nasturcinische Kräuter zum Sallat. — Darüber kamen noch zwey Kasacken und ein Canonier, die zwey Seeottern und zwey Seehunde erschlagen hatten, welche Nachricht uns ganz ungewöhnlich vorkam. Als wir ihnen verwiesen, daß sie das Fleisch, zu unsrer Erfrischung, nicht mitgebracht, so hohlten sie uns einen Seehund, welcher ihnen besser zum essen schiene, als die Biber. Als es Abend wurde kochte ich ein paar Morasthüner zu einer Suppe, und verzehrte dieses Gericht mit Herrn Plenisner, dem jungen Waxel, und meinem Kasaken. Herr Plenisner aber machte indessen eine Hütte von angetriebnem Holz und einem alten Segel, worunter wir die Nacht nebst denen Kranken schliefen.

Den 8ten November genossen wir abermals eine angenehme Witterung. Herr Plenisner nahm diesen Morgen mit mir die Abrede, daß er Vögel schießen wolle, ich aber sollte andre zur Nahrung dienliche Sachen aufsuchen, und gegen Mittag wollten wir einander an diesem Orte treffen. Ich gieng zuerst mit meinem Kasaken nach Osten am Ufer hinweg, sammlete verschiedne Naturalien, jagte auch nach einer Seeotter; mein Kasak hingegen schoß acht Stück blaue Steinfüchse, über deren Menge und Fettigkeit, auch daß sie sogar nicht wild waren,

waren, ich mich ungemein verwunderte. Und weil ich zugleich die vielen Manati am Ufer im Waſſer ſahe, welche mir vorhin nie zu Geſicht gekommen waren, auch itzt, da ſie bis auf die Hälfte beſtändig im Waſſer lagen, nicht wohl erkannt werden konnten, von denen aber mein Kaſak verſicherte, daß ſie nirgend auf Kamtſchatka bekannt ſeyen, ingleichen, da nirgend einiges Baum = oder Strauchwerk zu ſehn war, ſo fing ich an zu zweifeln daß dieſes Kamtſchatka ſey, zumal da die Seewolken gegenüber in Süden genugſam zeigten, daß wir uns auf einer mit See umgebnen Inſel befanden.

Gegen Mittag kam ich nach unſrer Hütte zurück, und entſchloß mich nach der Mittagsmahlzeit mit Herrn Pleniſner und unſerm Kaſaken längſt dem Ufer weſtwärts zu gehn, um uns nach Waldung oder Stangen umzuſehn; wir fanden aber nicht das geringſte, ſahen hingegen einige Seeottern und tödteten verſchiedne Steinfüchſe und Moraſthüner. Auf dem Heimwege ſetzten wir uns an einem Flüßchen nieder, ergötzten uns mit Thee und dankten Gott herzlich, daß wir wieder gutes Waſſer und unter uns feſtes Land hatten, wobey wir an alles zurückdachten, wie es ſo wunderlich mit uns ergangen, und uns an das unrechte Verfahren verſchiedner Leute erinnerten.

Dieſen Tag ſuchte man das Schiff durch Anbringung der Anker, ſo viel man deren groß und klein nur hatte, beſtmöglichſt am Lande zu befeſtigen, weßhalb das Boot nicht ans Land kam. Als wir Abends nach eingenommener Mahlzeit bey einem Nachtfeuer ſaßen, kam ein Steinfuchs und nahm vor unſern Augen zwey Moraſthüner weg; welches die erſte Probe ſo vieler künftiger Poſſen und Diebereien war, welche dieſe Thiere an uns verrichteten. — Ich mußte meinem kranken und matten Kaſaken, der mich als die Urſach ſeines Unglücks anſah und mir meine Curioſität, welche mich in dieſe Noth gebracht hatte, verwieß, Muth einreden, und
machte

machte den Anfang zu der künftigen Cameradschaft: Sey gutes Muths, sagte ich, Gott wird helfen, wo dieses auch unser Land nicht ist, so haben wir doch Hoffnung dahin zu kommen; du wirst nicht verhungern, kannst du nicht arbeiten und mir aufwarten, so will ichs vor dich thun; ich kenne dein redliches Gemüth und deine Verdienste gegen mich; alles was ich habe, das gehört dir auch zu; fordre nur, ich werde alles mit dir, bis Gott helfen wird, zur Hälfte theilen. — Er aber sagte: Gut genug, ich will Ihro Majestäten gern dienen; aber du hast mich in dieses Elend gebracht, wer hat dich gezwungen mit diesen Leuten zu gehn? Hättest du nicht der guten Tage am Bolschaja reka genießen können? — Ich lachte herzlich über seine Aufrichtigkeit und sagte: Gottlob, wir leben alle beyde; habe ich dich in das Elend mitgeschleppt, so wirst du auch wo Gott hilft einen beständigen Freund und Wohlthäter an mir haben; meine Meynung war gut, Thoma, so laß auch deine gut seyn; du weist ja nicht, was dir zu Hause hätte begegnen können.

Indessen ließ ich mir dieses darzu dienen, darauf bedacht zu seyn, wie man durch Erbauung einer Hütte sich gegen den Winter verbergen könnte, auf den Fall, da wir uns nicht auf Kamtschatka, sondern auf einer Insel befänden. Daher fing ich diesen Abend an mich mit Herrn Plenisner zu bereden, daß wir auf allen Fall eine Hütte bauen, und wie die Umstände sich auch ereignen möchten, mit Rath und That einander als gute Freunde beystehen wollten. Ob er nun gleich meine Meynung, daß dieses keine Insel sey, zum Schein, um mich nicht niederzuschlagen, nicht allerdings billigte, ließ er sich doch in meinen Vorschlag in Ansehung der Hütte gefallen.

Den 9ten November war der Wind östlich, und die Witterung ziemlich erträglich. Wir giengen Morgens aus, um einen Platz auszusehen, auch Holz zusammen-

zutragen, und wählten heute denjenigen Ort, wo wir
nachgehends gebauet, auch das ganze Commando seine
Hütten aufgeschlagen und überwintert hat. — Wir beschäftigten uns aber allzu sehr Füchse zu schlagen, deren
ich und Herr Plenisner in einem Tage sechzig Stück
theils mit der Axt erschlagen, theils mit einer Jacutischen Pama erstochen. — Gegen Abend kamen wir
wieder zu unsrer alten Hütte, wohin man wieder einige
Kranke an das Land gebracht hatte.

Den 10ten November war der Wind östlich, die
Witterung Vormittag klar, Nachmittags trübe, und in
der Nacht jagte der Wind vielen Schnee heraus. Wir
trugen alle unsre Bagage auf die von hier eine Werst
entlegne Stelle, die wir Tages zuvor zu Aufbauung einer Wohnung ersehen hatten. Währender Zeit wurden
wieder einige Kranken ans Land gebracht, worunter sich
auch der Herr Capitain-Commandeur befand, welcher
sich diesen Abend und die Nacht unter einem Zelt aufhielt. Ich war mit andern bey ihm, und wunderte mich
über seine Gelassenheit, und sonderbare Zufriedenheit.
Er frug mich, was ich von diesem Lande hielte? — Ich
erwiederte: mir komme es nicht wie Kamtschatka vor;
da allein die Menge und zahme Sicherheit der Thiere
klar zu verstehen gäben, daß es ein wenig oder gar nicht
bewohntes Land seyn müsse; dennoch aber könne es nicht
weit von Kamtschatka seyn, da die beobachteten Erdgewächse in eben der Zahl, Ordnung und Größe hier befindlich wären, wie in Kamtschatka; da man hingegen
die an Amerika entdeckten sonderbaren Pflanzen an gleichen Orten nicht antreffe. Ueberdieses so hätte ich einen
Fensterladen, mit Querleisten, von Pappelbaumholz gefunden, den vor einigen Jahren das hohe Wasser an den
Ort gebracht,und mit Sand verspühlt, wo wir nachdem
unsre Hütten erbaut haben; diesen zeigte ich und erinnerte dabey, daß dieses unstreitig russische Arbeit und vermuth-

muthlich von den Ambaren sey, die an der Mündung des Kamtschatkaflusses erbaut stunden. Der scheinbarste Platz, wovor man das Land halten könnte, sey Kronozkoi Nos; dennoch aber unterließ ich nicht meine Zweifel hierüber durch eine Erfahrung kund zu machen: — ich zeigte nehmlich ein Stück von einer Fuchsfalle, so ich den ersten Tag am Ufer gefunden, woran die Zähne, statt des Eisens, mit sogenannten Entalien waren, von deren Gegenwart auf Kamtschatka ich keine Nachricht erhalten, und wovon also zu vermuthen war, daß die See obiges Wahrzeichen von Amerika hergespület haben mußte, da man sich in Ermanglung des Eisens gar wohl dieser Erfindung hatte bedienen können, die auf Kamtschatka, wo man durch den Handel schon Eisen genug hat, überflüßig seyn würde. Ich erwähnte zugleich des gesehenen unbekannten Seethieres, Manati, und die Beschaffenheit der gegenüberstehenden Seewolken in Süden. — Auf welches alles ich denn zur Antwort erhielt: das Fahrzeug wird wohl nicht können gerettet werden, Gott erhalte nur unser Langboot.

Nachdem wir gegen Abend mit dem Herrn Commandeur die Morasthüner verzehret, so Herr Plenisner des Tages geschossen, nahm ich mit dem Unterwundarzt Betge die Abrede, daß er, wo es ihm beliebte, mit uns zusammenstehen sollte; wovor er sich bedankte; und war also unsre Gesellschaft nun vier Mann stark. Wir giengen derowegen nach unsrer neuen Wohnstelle, saßen beym Nachtfeuer und plauderten über der Tasse Thee, wie wir unser Vorhaben ins Werk richten wollten. Ich baute darneben eine kleine Hütte, die ich mit meinen beyden Mantelröcken und einer alten Decke bedeckte; die Luftlöcher an den Seiten wurden mit todten Füchsen belegt, die wir diesen Tag erlegt und Haufenweis liegen hatten. Und so begaben wir uns zur Ruhe, Herr Betge aber zum Herrn Commandeur zurück.

Gegen Mitternacht entstund ein heftiger Wind, der vielen Schnee mit sich führte, unser Dach abriß und uns alle drey aus dem Lager jagte. Wir liefen in der Nacht überall am Seestrand umher, sammleten Treibholz, brachten es nach einer Grube, die wie ein Grab vor zwey Personen ausgehölt war, und beschlossen hier zu übernachten. Oben legten wir Querhölzer darüber, bedeckten das Dach mit unsern Kleidern, Mänteln und Decken, machten, um uns zu erwärmen ein Feuer und legten uns wieder schlafen, brachten auch also diese Nacht, Gott zu Dank, sehr wohl hin.

Den andern Tag (11ten November) gieng ich nach der See und schleppte einen Seehund herbey, dessen Speck ich mit Erbsen kochte und mit meinen drey Cammeraden verzehrte, welche indessen zwey Schaufeln verfertigten und unser Grab zu erweitern anfingen. — Nachmittags wurde der Herr Capitain-Commandeur auf Stangen zu uns getragen, und ließ auf dem Platz, den wir erstlich zur Wohnung aufersehen hatten, ein Zelt von einem Segel aufschlagen. Wir bewirtheten sowohl ihn, als die andern Herrn Offiziere, so sich in unser Grab begeben hatten, mit Thee. — Gegen Abend begaben sich die beyden Offizier wieder nach dem Fahrzeug. Ja der Herr Meister Chytrew schlug dem Lieutnant Waxel vor, auf dem Fahrzeuge in der freyen See zu überwintern, da man, nach seiner Meynung, mehr Wärme und Bequemlichkeit, als am Lande, haben könnte, wo man, in Ermanglung des Hölzes, den Winter unter einem Zelte würde aushalten müssen; und wurde dieser Anschlag itzt als sehr vernünftig angenommen, obgleich der Herr Meister den dritten Tag darauf von selbst ans Land kam, und durch keinen Befehl mehr aufs Fahrzeug zu bringen war, da er solches nach diesem auf den Strand setzen sollte. — Wir erweiterten übrigens mit Graben unsre Wohnung in der Erde, und schleppten, zu deren

deren Dach und inwendigen Ausbauung überall Holz am Ufer zusammen. — Diesen Abend setzten wir ein leichtes Dach auf und bekamen an dem Unter-Constabel Roselius den fünften Mann in unsre Gesellschaft. So fingen auch einige andre Leute, die noch bey Kräften waren, an, sich ein viereckigtes Grab in den gefrornen Sand auszugraben, und bedeckten solches den folgenden Tag mit doppelten Segeln, um die Kranken darunter zu halten.

Den 12ten November arbeiteten wir mit größtem Fleiß an unsrer Wohnung, sahen auch daß andre, unserm Beyspiel folgend, sich die dritte Wohnung auf eben die Art ausgruben, so nach diesem von dem Anfänger und Bootsmann Alexei Iwanow ihren Namen erhielt. — Diesen Tag brachte man viele Kranke vom Fahrzeug, worunter einige, sobald sie an die Luft gekommen, wie der Canonier, andre im Boot bey der Ueberfahrt, wie der Soldat Sabin Stepanow, einige, wie der Matrose Sylvester, gleich am Ufer wegstarben. — Man sahe am Lande aller Orten nichts als betrübte und schreckenvolle Anblicke. Die Todten wurden, ehe man sie noch begraben konnte, von den Füchsen verstümmelt, welche sich sogar über die lebendigen und hülflosen Kranken, die ohne Bedeckung am Strande herumlagen, herzumachen nicht scheuten, und sie nach Hundesart berochen. Von diesen schrie der eine über Frost, der andre vor Hunger und Durst, weil viele vom Scharbock so erbärmlich im Munde zugerichtet waren, daß sie, wegen großer Schmerzen, nichts mehr genießen konnten, da das Zahnfleisch wie ein Schwamm aufgeschwollen, braunschwarz, über die Zähne emporgewachsen war und selbige bedeckte.

Die Steinfüchse (Lagopus) welche sich nunmehr in unzähligen Schaaren bey uns eingefunden hatten, wurden durch den Anblick der Menschen, wider die Gewohnheit

heit und Natur, immer zahmer, frevelhafter und dergestalt boshaft, daß sie alles Gepäck auseinander schleppten, die ledernen Sohlen zerfraßen, den Proviant zerstreuten, dem einen die Stiefel, dem andern Strümpfe, Beinkleider, Handschuhe, Röcke u. s. w. welches alles unter freyem Himmel lag und wegen Mangel an gesunden Leuten nicht bewahrt werden konnte, stahlen und wegschleppten. Auch sogar eiserne und andre Geräthschaften, die ihnen nicht zur Nahrung dienen konnten, blieben dennoch nicht unberochen und unbestohlen; ja es schien, daß diese schlimme Thiere uns inskünftige immer mehr und mehr plagen und züchtigen würden, wie auch erfolgt ist; vielleicht um uns für den Hang nach den beliebten Kamtschatkischen Fuchsbälgen, wie die Philister, auch mit Füchsen zu strafen. Es schien sogar, daß je mehr wir ihrer erschlugen und aus Rache, vor der übrigen Augen, auf das grausamste marterten, halbgeschunden, ohne Augen, Ohren, Schwanz, halbgebraten, u. s. w. laufen ließen, desto boshafter und verwegner wurden die übrigen; so daß sie auch in unsre Wohnungen eindrungen und alles, was sie nur erwischen konnten, davon schleppten, unterweilen aber mit ihren listigen und possierlichen Affenpossen, uns, bey allem Elend, zum Lachen bewegten.

Den 14ten November. Diesen Nachmittag gieng ich mit Herrn Plenisner und Betge zum erstenmahl auf die Jagd, oder wie solches nachgehends bey uns auf sibirisch genannt wurde, auf den Promysl. Wir schlugen vier Seeottern, wovon wir die Hälfte in einen Bach warfen, der davon nachmals den Namen Bobrowaja retschka, so wie das Feld, wo wir sie schlugen, Bobrowoe pole behalten hat; das beste Fleisch aber, sammt den Fellen und Eingeweyde, trugen wir nach Haus, wohin wir erst in der Nacht zurückkamen. Wir machten uns aus der Leber, Nieren, Herz und

und dem Fleisch dieser Thiere verschiedne wohlschmeckende Gerichte, verzehrten solche dankbar und mit dem Wunsch, daß uns die Vorsicht diese Nahrung künftig nicht entziehen, und in die Nothwendigkeit setzen möchte, die stinkenden, unflätigen, und verhaßten Steinfüchse zu essen, die wir denn doch, aus Vorsicht, nicht alle schlagen, sondern nur schrecken wollten. Die theuren Felle der Seeottern sahen wir nun schon als eine Last an, die ihren Preiß bey uns verloren hatte; und weil wir nicht Musse hatten sie zu trocknen und zu bereiten, so wurden sie von einem Tage zum andern hingeworfen, bis sie endlich nebst vielen andern verdorben, und von den Füchsen zerfressen wurden. Dagegen fingen wir jetzt an, solche Dinge für Güter zu halten, die wir zuvor wenig oder nicht geachtet, als Aexte, Messer, Pfriemen, Nadeln, Zwirn, Schuhdrath, Schuhe, Hemden, Strümpfe, Stangen, Stricke und dergleichen Dinge so mancher von uns zuvor nicht in die Hände zu nehmen gewürdiget. Wir sahen alle ein, daß Rang, Wissenschaft und andre Verdienste, hier künftighin keinen Vorzug geben, noch zu unserm Lebensunterhalt hinlänglich seyn würden; ehe uns also Schande und Noth dazu zwingen möchte, entschlossen wir uns selbst, nach den noch übrigen Kräften zu arbeiten, um nachher nicht ausgelacht zu werden, oder erst auf Befehl zu warten. So führten wir auch unter uns fünfen eine Gemeinschaft der Güter, in Ansehung der Victualien ein, die wir noch übrig hatten, richteten auch die Haushaltung so ein, daß es am Ende nicht fehlen möchte. Die übrigen drey Kosaken unsrer Gesellschaft, und die nachmals angenommenen zwey Bedienten des Capitain-Commandeurs hielten wir, zwar nicht wie vorher, dennoch aber, da sie allen Hausrath von uns bekamen, dahin an, daß sie pariren musten, wann wir etwas gemeinschaftlich beschlossen. Unterdessen fieng man doch an, jedermann etwas höflicher bey seinem Namen und Vornamen zu nennen, um die

Leute

Leute dergestalt zu gewinnen, und bey künftigen Unfällen sich mehr auf ihre Treue verlassen zu können; und da sahen wir bald, daß Peter Maximowitsch viel dienstfertiger war, als vorhin Petrucha *). Uebrigens, da wir diesen Abend mit einander verabredeten, wie wir unsre Oekonomie ins künftige einrichten, uns auf alle unvermuthete Unfälle zum Voraus rüsten, und die Hofnung, wieder nach Asien zu kommen, soviel möglich aufrecht zu erhalten suchen wollten: so erwogen wir zugleich, in was vor unglückliche Umstände wir insgesammt, binnen so kurzer Zeit versetzt worden, da wir mit Hintansetzung der einem jeden eigentlich anständigen Verrichtungen nun bloß zur Erhaltung eines mühseeligen Lebens, auf eine ungewohnte Art zu arbeiten verpflichtet wären. Dennoch aber ermahnten wir uns einander den Muth nicht sinken zu lassen, und alles sowohl zu unserm Heil, als der übrigen Wohlfarth, mit der möglichsten Freudigkeit und Ernst zu verrichten, und durch unsre Bemühungen der übrigen Kräfte und Unternehmungen mit aller Treue zu unterstützen.

Ich brachte heute dem Herrn Capitain-Commandeur eine junge, noch an der Mutter saugende See-Otter, und empfahl ihm auf alle Art und Weise, sich selbige, in Ermanglung andrer frischer Speise, zurichten zu lassen. Allein er bezeugte allzu großen Abscheu dawider, und wunderte sich über meinen Geschmack, der nach den Umständen eingerichtet war; viel lieber vermeinte er, so lange es angehn würde, sich mit Morasthünern zu erfrischen

---

*) Nach der russischen Gewohnheit pflegt man nur seines gleichen oder höhere, neben ihren Vornamen, mit dem Namen ihres Vaters und einem angehängten Witsch, welches dem Vorgesetzten Irländischen Fitz- und dem Schottischen Mac-gleichlautend ist, zu nennen. Verächtlicher ist der bloße Vorname, oder wenn derselbe gar zum Diminutif gemacht wird. P.

schen, deren er mehr aus unsrer Gesellschaft bekam, als er verzehren konnte.

Den 13ten November unterließ man nicht im Bau der Wohnungen fortzufahren, und theilten wir uns in drey Partheyen; die erste gieng auf die Arbeit nach dem Fahrzeug, um die Kranken und den Proviant ans Land zu bringen; die andern schleppten große Balken auf vier Werste, von der von uns also benannten **Lesnaja retschka** (Holzbach) nach Hause; ich aber und ein kranker Kanonier blieben zu Hause, und zwar versahe ich die Küche, der andre aber verfertigte einen Schlitten, um Holz und andre Nothwendigkeiten damit zu schleppen. Da ich nun solchergestalt das Kochamt auf mich nahm, bekam ich noch eine doppelte Nebenfunction, nehmlich den Herrn Capitain=Commandeur dann und wann zu besuchen, und ihm in einem oder andern an die Hand zu gehn, da er itzt wenig Dienste mehr von seinen beiden Bedienten erwarten konnte. Nächstdem, weil wir die ersten waren, die eine Oekonomie eingerichtet hatten, wurde es mir auch zur Pflicht, einigen Schwachen und Kranken beyzuspringen, und selbigen warme Suppen zu bringen, womit wir so lange fortfuhren, bis sie sich etwas erholt und selbst im Stande waren, sich zu helfen.

Diesen Tag wurden sonst die Kasernen zu Stande gebracht, in welche Nachmittags viele Kranke zusammen getragen wurden, die aber wegen Enge des Raums, überall auf der Erde, mit Lumpen und Kleidern bedeckt, herum lagen. Niemand konnte den andern pflegen, und man hörte nichts, als jammern und klagen, wobey die Leute unzählige mahl Gottes Gericht über die Urheber ihres Unglücks zur Rache anriefen; und gewiß war dieser Anblick so kläglich, daß auch dem Beherztesten darüber der Muth hätte sinken müssen.

Den 15ten November wurden endlich alle Kranke ans Land gebracht. Wir nahmen davon einen, Namens
Boris

Boris Sånd zur Verpflegung in unsre Wohnung; dem auch Gott binnen drey Monaten zur Gesundheit verhalf. Der Meister Chytref ersuchte uns auch flehentlich und um Gotteswillen, daß wir ihn in unsre Gesellschaft aufnehmen, und ihm einen Winkel anweisen möchten, weil er unter den Gemeinen unmöglich länger liegen mochte, die ihm Tag und Nacht über vergangne Dinge Vorwürfe und Drohungen hören ließen; allein da unsre Wohnung schon angefüllt war, und keiner ohne des andern Vorwissen etwas unternehmen durfte, setzten sich alle, weil alle gleich von ihm beleidigt waren, dawider, und schlugen es ihm rund ab, zumahl da er mehr von Faulheit krank und der Haupturheber unsres Unglücks war.

In den folgenden Tagen wurde unser Elend und Arbeit noch immer größer. Der Herr Lieutenant Waxel wurde endlich auch ans Land gebracht, welcher vom Scorbut dergestalt übel zugerichtet war, daß wir alle Hofnung seines Lebens wegen aufgaben, gleichwohl aber nicht unterließen, ihm mit aller ökonomischen und medicinischen Hülfe beyzuspringen, ohne an die vorige Begegnung zu denken. Uns allen war an seiner Genesung desto mehr gelegen, weil zu befürchten war, daß, nach seinem Ableben, wenn das Ober-Commando an Chytref käme, der allgemeine Haß alle Subordination aufheben, und die zu unsrer Erlösung erforderlichen Arbeiten verzögern, oder gar verhindern würde. Wir hielten auch unsre Leute an, für ihn und einige andre Kranke eine besondre Hütte zu erbauen, bis zu deren Errichtung er in der Kaserne aushalten muste.

In diesen Tagen erhielt man denn auch die Nachricht, welche jedermann noch mehr niederschlug, daß unsre Kundschafter in Westen keine Anzeige eines Zusammenhangs dieses Landes mit Kamtschatka, ja auch nicht die geringste Spur von menschlichen Bewohnern, gefunden hätten. Ueberdem standen wir in täglicher Furcht, daß bey den beständigen Stürmen unser Fahrzeug in die See getrieben und damit aller Proviant und Hofnung zur Erlösung auf einmahl verlohren gehen würde. Wegen der hohen Wellen konnte man oft in mehrern Tagen mit dem Boot nicht an das Schiff kommen, um soviel möglich die Bedürfnisse daraus zu landen. Zudem wurden auch noch zehn bis zwölf Mann, die bisher noch immer und über ihr Vermögen gearbeitet und bis zu Ende des Monats oft bis unter die Arme im kalten Seewasser gestanden hatten, nun ebenfalls krank. Ueberhaupt, Mangel, Blöße, Frost, Nässe; Ohnmacht, Krankheit, Ungedult und Verzweiflung waren die täglichen Gäste.

Als endlich durch gutes Glück, bey einem Sturm, zu Ende des Novembers, das Paketboot, besser als es vielleicht durch menschlichen Fleiß je hätte geschehen können, auf den Strand gesetzt ward, und dadurch die Hofnung zu Erhaltung der noch vorhandnen, wiewohl wenigen Lebensmittel, wie auch Materialien größer, die Arbeit aber, durch die See nach dem Fahrzeuge zu waten, auf einmal aufgehoben ward, machte man nach einigen Tagen den Anfang von aller Arbeit fürs erste abzustehen, und sich zu erholen. Nur die nöthigen Hausarbeiten wurden fortgesetzt. Auch wurden nochmals drey Personen abgefertigt, die ostwärts in das Land gehen, und Erkundigung einziehen sollten. Denn noch hatte man nicht alle Hofnung aufgegeben, daß dieses Kamtschatka und vielleicht, da man sich in der Breite versehen haben konnte, die Gegend um Olutora seyn möchte, welches die daselbst ebenfalls häufigen Steinfüchse wahrscheinlich zu machen schienen. Andre glaubten dies sey Kronozkoi Nos, und obgleich der Irrthum leicht einzusehen war, so wiegte man sich doch mit solchen Hofnungen gern in angenehme Träume.

Auf dem Lande verstarben gleich anfangs verschiedne Personen. Vorzüglich bedauerten wir darunter den alten und erfahrnen Steuermann Andreas Hesselbergt, der über 50 Jahre zur See gedient hatte, auch bey einem Alter von 70 Jahren seinem Dienst immer dergestalt vorgestanden, daß er den Ruhm eines vorzüglich nützlichen Mannes ins Grab nahm, dessen verachteter Rath uns vielleicht früher gerettet haben würde. Ausser diesem starben 2 Grenadiere, ein Kanonier, des Meisters Bedienter, ein Matrose und am achten December verblich endlich der Herr Capitain-Commandeur Beringt, von dem nachmals dieses Eyland den Namen behalten hat; zwey Tage nach ihm starb der Unterschiffer Chotainzof, dessen vormals gewesener Adjutant, und am 8 Januar endlich starb der letzte aus unsrer Zahl, der Fähndrich **Lagunow**, in der Ordnung der dreißigste.

So wie das klägliche Ende des nunmehr seeligen Herrn Capitain-Commandeurs, bey verschiednen verschiedne Eindrücke gemacht hat, so kann ich nicht umhin hierbey etwas still zu stehn, und einige vorläufige Umstände zu gedenken.

Vitus Beringt war von Geburt ein Dähne, ein rechtschaffner und frommer Christ, der Aufführung nach ein wohlgesitteter, freundlicher, stiller und bey dem ganzen Commando, sowohl hohen, als gemeinen, durchgängig beliebter Mann. Nach einer zweymaligen Reise nach Indien, trat er 1704. bey der russischen Flotte als Lieutnant in Dienst, worinnen er bis an sein Ende im Jahr 1741. mit möglichster Treue verharret, und sich zum Rang eines Capitain Commandeurs herauf gedient hat. Er ist zur Ausführung verschiedner Desseins, worunter die doppelte Kamtschatkische Expedition die wichtigste ist, gebraucht worden. Unpartheyische werden von ihm nicht anders urtheilen können, als daß er sich allezeit nach allen Kräften und Vermögen bestrebte, das ihm anbefohlne auf die beste Art ins Werk zu richten; ob er gleich

selbst

selbst gestand und sich oft beklagt hat, daß seine Kräfte zu einer so schweren Expedition nicht mehr hinreichten; daß selbige viel größer und weitläuftiger angelegt worden, als er solche projectiret, er auch in seinem Alter wünschte, daß die ganze Sache einem jungen und raschen Mann von der Nation aufgetragen, und ihm abgenommen würde. — Bekanntlich war der seelige Mann zu geschwinden Entschließungen und hurtigen Unternehmungen nicht gebohren; es bleibt aber in Ansehung seiner Treue, Gelassenheit und bedächtlichen Ueberlegung die Frage, ob auch ein andrer mit mehr Feuer und Hitze, die unzähligen Beschwernisse und Hindernisse seiner Unternehmung so gut überwunden haben würde, ohne diese entfernte Gegenden völlig zu verwüsten, da ein solcher, von allem Eigennuß weit entfernter Befehlshaber, wie er war, seine Untergebnen in diesem Puncte kaum genugsam im Zaume halten konnte. — Die einige Schuld die man dem wakkern Manne beymessen kann ist, daß er durch allzugelindes Commando so viel geschadet, als seine Untergeordnete durch allzufeuriges und oft unbesonnenes Verfahren. Er hatte auch etwas zu viel Hochachtung für seine Officiere und zu gute Meinung von ihrem Verstand und Erfahrung, wodurch diese endlich zu stolz wurden, alles neben sich und endlich den Befehlshaber selbst, verachteten, und die Subordination vergaßen, ohne an Erkenntlichkeit zu denken.

Wenn übrigens der seelige Mann öfters mit Dankbarkeit gegen Gott zu rühmen wuste, wie es ihm von Jugend auf allezeit nach Wunsch gegangen, und wie er noch vor zwey Monaten in glücklichen Umständen gewesen; so muste man um so mehr sein trauriges und elendes Ende bedauren. Ohne Zweifel würde er am Leben geblieben seyn, wenn er Kamtschatka erreicht und nur der Wärme eines Zimmers und frischer Speisen sich hätte bedienen können. So aber kam er fast vor Hunger,

Durst, Kälte, Ungemach und Betrübniß um, und der ödömatöse Geschwulst der Füsse, den er schon längst von einem gestopften Tertianfieber hatte, wurde durch die Kälte vermehrt und in den Leib und die Brust getrieben, endlich aber seinem Leben, durch den im Unterleibe entstandnen Brand, am 8. December zwey Stunden vor Tage, ein Ende gemacht. So jammervoll sein Tod seinen Freunden scheinen muste, so bewundernswürdig war seine Gelassenheit und ernstliche Zubereitung zum Scheiden, welches bey völliger Vernunft und Sprache erfolgte. Er selbst war überzeugt, daß wir an ein unbekanntes Land verschlagen worden, dennoch wollte er durch seine Behauptung die übrigen nicht gern niedergeschlagen machen, sondern ermunterte vielmehr auf alle Weise zur Hofnung und Thätigkeit. — Wir begruben dessen entseelten Leichnam Tages darauf, nach protestantischen Kirchengebräuchen nahe bey unsrer Wohnung, wo er zwischen seinem Adjutanten, einem Commissario und zwey Grenadieren liegt, und sezten bey unsrer Abreise auf die Grabstätte, zum Merkmal ein hölzernes Kreuz, welches zugleich für die Besitznehmung des Landes gelten konnte.

Nach dem Tode unsres Anführers war es schon so weit mit uns gekommen, daß sich das ganze Commando, in fünf unterirdischen Wohnungen, vor der Strenge des Winters in Sicherheit befand. Sie waren alle nebeneinander auf der Stelle, die zuerst zur Wohnung ausersehen worden, angelegt und wurden mit folgenden Benennungen belegt: Die Caserne, des Lieutnants Jurte, meine, Alexei Iwanofs und Luka Alexeefs Jurte. Vor jeder Wohnung standen einige Fässer, welche statt eines Magazins, zur Aufbewahrung des Fleischvorraths gegen die Steinfüchse dienten; auch waren Böcke aufgerichtet, allerley Kleider und Sachen aufzuhängen. Bis zum heiligen Christtage waren die meisten Leute, bloß durch Hülfe

Hülfe des treflichen Wassers und des frischen Fleisches verschiedner Seethiere, wieder hergestellt und man sorgte nur dafür, immer mehr Kräfte zu sammlen, um gleich im Frühjahr die Arbeit, zu unsrer Erlösung, desto munterer angreifen zu können. Unsre Bemühungen, um zu diesem Zweck zu gelangen, theilten sich in dreyerley Hauptarbeiten: erstlich, in Ermanglung hinlänglichen Proviants, Seethiere zu schlagen, um damit den grösten Theil unsrer Nahrung zu bestreiten, das Brod aber nur zu einer Leckerspeise vorzubehalten. Von der Mitte des Novembers, bis zu Anfang des Maymonats bekam der Mann monathlich dreissig Pfund Mehl und einige Pfund Gerstengrütze, welche leztere nur zwey Monat aushielt. Im May und Junius bekam jeder nur 20 Pfund Mehl; im Julio und August hörte auch dieses auf und muste man sich allein mit Fleisch begnügen, weil fünf und zwanzig Pud Mehl zu unsrer Reise nach Kamtschatka, mit jedermänniglicher Einwilligung zurück behalten wurden. Gleichwohl war jeder mit seinem Proviant so sparsam, daß wenige, auch die lezten Monate, ohne Brod waren und jede Jurte noch Zwieback auf die Reise bereiten konnte, die zur Hälfte, nebst noch 20 Pud Mehl, mit nach dem Hafen gebracht wurden. Das Unglück war nur, daß alles Mehl schon 2 bis drey Jahr in ledernen Säkken eingestampft gelegen und bey der Strandung des Fahrzeugs, durch die vom Salz-Wasser im Raum aufgelöste Materien sonderlich Pulver, dergestalt eingetränkt worden war, daß man den Geschmack bey dessen Genuß nicht zu rathe ziehen durfte, und es uns, ehe wir es gewöhnten durch Blähungen die Leiber wie Trommeln auftrieb. Da man auch, in Ermanglung eines Ofens, kein ordentliches Brod backen konnte, so wurden daraus, nach russischer Art kleine Kuchen (Aladi) in Seehund oder Wallfischthran, zulezt aber in Manatifett gebraten, und an die Maunschaft nach der Zahl ausgetheilt. Erst nach)

nach Verlauf von beynahe zwölf Monaten, da wir vor unsrer Abreise, zwey Oefen zu Stande brachten, hatten wir die Wolluſt einmal wieder Brod zu eſſen. — Das Wild würden wir ſtets zur Nahrung in Menge, ohne viele Mühe gehabt haben, wenn nicht die Leute, ohne Zucht und Ordnung darunter gewüthet und die Thiere gar bald aus unſrer Nachbarſchaft, oft einander nur zum Poſſen, verſcheucht, und nachmals, bloß um die Felle ihrem Geiz und Spielſucht zu opfern, die Ottern geſchlagen und das Fleiſch weggeworfen hätten; ſo daß wir endlich in die entfernteſte Gegend der Inſel auf die Jagd zu gehen genöthiget waren.

Die zweyte hauptſächliche Bemühung beſtand im Holztragen, welches für eine der gröſten und ſchwerſten Arbeiten gehalten wurde, da außer niedrigem Weidengebüſch nicht ein Baum auf dem ganzen Eilande anzutreffen war, das von der See ausgeworfne Holz aber nicht allzuhäufig, bald eine Arſchin, bald bis auf einen Faden, unterm Schnee begraben lag. Was davon in der Nähe vorhanden war, wurde im Anfang ſogleich zum Bau der Hütten und zum Brennen weggeſamlet; im December muſten wir es ſchon auf vier Werſte her, im Januar und Februar wohl auf zehn Werſte, im März endlich gar 15 bis 16 Werſte ſchleppen. Doch hörte im April, da ſich der Schnee ſezte, dieſe Arbeit mit einmahl auf, da nicht allein Holz genug in der Nähe zum Vorſchein kam, ſondern auch, beym Aufbrechen des Schiffs und Bau des neuen Fahrzeugs, genug abfiel, um damit heizen und kochen zu können. Wir trugen aber ſowohl die Seethiere, als das Holz, vermittelſt eines Querholzes vor der Bruſt, mit Stricken gebunden und eine gewöhnliche Ladung betrug 60 und mehrentheils bis 80 Pfund, ohne die Aexte, Keſſel, Schuſter- und Schneidergeräthſchaft, die ein jeder bey ſich haben muſte, um die ganz abge-

abgetragne Kleider und Schuhe immer zu flicken, so wie sich ein Riß daran ereignete; wozu die ledernen Proviantsäcke und Tornister nach und nach, so wie auch zu Sohlen zerschnitten wurden.

Die dritte Arbeit war die Bestellung der Oekonomie, da beständig gekocht werden muste, um die Arbeiter, sie mochten zu Hause kommen wann sie wollten, zu sättigen. In unsrer war demnach die Einrichtung gemacht, daß täglich einer oder ein Paar Teutsche und Russen auf die Jagd, die übrigen aber nach Holz giengen, und ein Teutscher mit einem Russen die Küche besorgte. Und diese Eintheilung ward nachher von allen andern nachgeahmt. In dieser Verfassung feyerten wir alle Festtage und tractirten nach unsrer Art.

Den 26. December kamen unsre zum zweytenmahl ausgeschickte Kundschafter mit der Nachricht zurück, daß wir uns auf einer Insel befänden, welche sie nach Osten umgangen wären. Doch hatten sie so viele Wahrzeichen, als Ruder, Boden von Fischfässern und dergleichen am Strande gefunden, daß man nicht anders vermuthen konnte, als daß Kamtschatka in einer geringen Entfernung von hier seyn müsse.

Den 29. Januar wurde, von unsrer Gesellschaft, der erste See = Löwe erschlagen; dessen Fleisch von einer so ausnehmenden Güte und Geschmack befunden wurde, daß wir nichts mehr wünschten, als deren bald noch mehrere in die Hände zu bekommen. Das Fett glich dem Rindermark, das Fleisch aber beynahe dem Kalbfleisch.

Am 1. Februar wurde, durch einen heftigen Nordwestensturm und sehr hohe Fluth, unser Paketbpot so weit aufs Land gebracht, daß wir nicht geringe Hofnung bekamen, im Fall wir nur die Anker im Frühjahr wieder heraus zu holen vermöchten, solches bey hohem Wasser in die See buxiren zu können. Denn wir glaubten, da es das eingeschöpfte Wasser in sich behielt, daß es am Boden nicht sehr beschädigt seyn müsse, welcher Irthum aber daher kam, daß es inwendig mit Sand ziemlich voll gespült war, weswegen das Wasser nicht auslaufen konnte. Nichts desto weniger erleichterte uns diese Versetzung des Fahrzeuges aufs Land, nachmals, beym Aufbrechen desselben viele Mühe.

Den 25. Februar reizte uns die bisherige gelinde Witterung eine dritte Verschickung, zur Untersuchung des Landes nach Westen zu veranstalten. Zu diesem Ende wurde der Untersteuermann Juschin nebst vier Mann, abgeschickt. Sie kamen aber innerhalb sechs Tagen nur bis an die sich nach Norden auslängende Landspitze, 60 Werste von unserm Wohnort, und nachdem sich die ganze Untersuchung in eine Biberjagd verwandelt hatte, kehrten sie, da das Wetter bis den 8. März wieder schlechter geworden, mit der nachher falsch befundnen Nachricht zurück, daß sie wegen der steilen und bis in die See auslaufenden Klippen nicht weiter hätten fortkommen können.

Den 10. März ward nun eine neue Commission gehalten und beschlossen dem Bootsmann Alexei Iwakof, als welcher einmüthig vorgeschlagen wurde, zu befehlen, bey der Lesnaja retschka über das Land nach Süden zu gehen und dann das Ufer zu verfolgen, bis er entweder an das Ende der Insel, oder wenn selbige mit dem festen Lande zusammenhienge, an das Land selbst käme, weil man noch immer vermeynte, daß wir auf Chronozkoi Nos gestrandet seyen. Diese Kundschafter traten den 15. März die Reise an, kamen aber den 19ten wider Vermuthen, abermals mit der Nachricht zurück, daß man in Süden, der steilen Felsen wegen, die bis in die See reichten, nicht weiter kommen könne. Allein auch
diese

diese hatten den rechten Weg verfehlt, wie ich nachmals auf meiner Reise befunden. Unterdessen brachten sie eine doppelte, für uns merkwürdige Nachricht mit, nehmlich erstlich, daß sie Späne und Stücken von derjenigen Schaluppe gefunden, die vorigen Winter in Awatscha verfertigt worden; der Zimmermann Akulef erkannte genau die Späne welche er in Awatscha abgehauen. Darnach so beschrieben sie uns ein Thier, welches sie am ersten und lebendig am Lande gesehen, und welches wir, nach ihrer Beschreibung für einen Seebären hielten.

Den 22. März begab sich eben dieser Botsmann, mit seinen vorigen Gefährten abermals auf die Reise, mit der vorigen Instruction, und dahin abgeänderten Befehl, daß er auf der Nordseite bis an die sich nach Norden auslängende Landspitze gehn, von da, über das Land, seinen Weg nach Süden fortsetzen, und falls er in Süden Hindernisse fände, abermals nach Norden über, oder auf dem Gebürge so lange fortgehen solle, bis er endlich an ein festes Land, oder an das andre Ende der Insel käme. Im leztern Falle sollten sie alle schleunig zurück kommen, um dem Bau des neuen Fahrzeugs keine weitere Hinderniß in den Weg zu legen. Wann sie aber an ein festes Land oder an das Land Kamtschatka kämen, sollte die Hälfte von ihnen mit den Rapporten nach Awatscha, die andre Hälfte mit Nachrichten zum Commando zurückkehren. Ich begleitete diese Kundschafter, mit noch dreyen Personen aus unsrer Jurte und giengen bey Lesnaja retschka zum erstenmahl quer über das Land, wo wir noch am selbigen Tage eine starke Niederlage unter den Seeottern anrichteten, die daselbst ganz sicher und heerdenweise beysammen lagen, so daß wir wohl hundert hätten erschlagen können, wenn es uns nicht mehr um das Fleisch und die allgemeine Wohlfarth, als um die theuren Felle zu thun gewesen wäre.

Da nun, nachdem sich der Schnee im Frühjahre gesetzt, uns über das Land nach Süden zu gehen erlaubet war, wo die Seeottern und Seehunde noch nicht gescheucht und von uns in großer Anzahl angetroffen wurden; so wuchs dadurch unsre Hofnung nicht wenig und besuchte man fleißig diese neue Plätze, ohngeachtet der Weg sehr weit und der Gebürge wegen beschwerlich war. Es ereigneten sich aber zu dreyenmalen so unglückliche Fälle auf diesem Wege, daß beynahe ein Drittel unsrer Mannschaft darüber verloren gegangen wäre. — Den 1. April giengen, der Constabel-Rosdig, Unter-Chirurgus Betge, Gardemarin Sind und ein Kosack, aus unsrer Wohnung gewöhnlicher Weise auf die Jagd. Gegen Abend entstand ein so heftiger Sturm aus Nordwesten, daß sich niemand auf den Füßen halten, noch einen Schritt vor sich sehen konnte, wobey in einer Nacht der Schnee auf einen Faden tief fiel. Noch nie hatten wir hier ein ähnliches Sturmwetter gehabt. Die auf die Jagd ausgegangenen, um deren willen wir alle in der grösten Sorge waren, wären beynahe alle umgekommen. Nachdem sie die ganze Nacht unter dem Schnee gelegen, konnten sie sich kaum noch am folgenden Morgen herausarbeiten und nach dem Ufer kommen. Der Gardemarin aber war von ihnen abgekommen und schien verloren. Zum Glück für sie alle, hörte der Schneefall mit Tagesanbruch auf, und kaum hatten wir den Eingang unsrer Hütte durch den Schnee aufgearbeitet, da die drey von unsern Leuten, welche beysammen geblieben waren, ohne Verstand und Sprache und so steif wie Maschinen, der Unter-Chirurgus aber gänzlich blind, bey uns ankamen. Wir entkleideten sie sogleich, bedeckten sie mit Federbetten und brachten sie mit Thee wieder zu sich. Nach einer Stunde ward endlich auch der Gardemarin, in noch weit elenderem Zustand, am Ufer herum schweifend, von drey Leuten gefunden und zu uns

uns gebracht. Er war die Nacht in einen Bach gefallen und hatte alle Kleider am Leibe, ja auch die Glieder beynahe hart gefroren, so daß wir glaubten er würde Hände und Füße verlieren. Doch half ihm seine gute Natur wieder zurecht. Der Unter-Chirurgus aber erhielt erst nach acht Tagen den Gebrauch seiner Augen wieder.

Ein andres mahl, den 5. April, glaubten wir das Wetter besser abzupassen, und giengen Herr Plenisner, ich, mein Kosak und des Capitain-Commandeurs Bedienter, wegen eingefallenen Fleischmangels, bey dem angenehmsten Wetter und Sonnenschein auf die Jagd. Gleich nach unsrer Ankunft am Ufer schlugen wir so viel Ottern, als wir tragen konnten, und sezten uns, um die Nacht durch zu bringen, an einer Klippe, bey einem Nachtfeuer hin. Ehe wir es uns versahen, entstand der nehmliche Sturm gegen Mitternacht und brachte so viel Schnee, daß wir bald davon würden bedeckt worden seyn, wenn wir nicht beständig hin und her gelaufen und einander keine Ruhe gelassen hätten. Am Morgen, nachdem wir lange vergeblich eine Kluft oder andere Zuflucht gesucht hatten und schon ganz hofnungslos waren, gelang es endlich dem Kosaken, eine sehr weite und geraume Höle in einem Felsen anzutreffen, die scheinbarlich von einem großen Erdbeben entstanden war. Wir machten uns sogleich, mit Holz und Fleisch beladen, in selbiger wohnhaft und trafen hier einen wider allen Schnee und Sturm gesicherten Aufenthalt, der uns auf die Zukunft, in ähnlichen Fällen, von großem Nutzen seyn konnte. Wir fanden da nicht nur Raum genug, sondern auch noch eine Nebenhöle, worinnen wir unsern Vorrath vor den diebischen Steinfüchsen verwahren konnten, und sogar einen von der Natur verfertigten Kamin, aus welchem der Rauch durch die Felsenklüfte seinen Abzug nahm, ohne uns in der Wohnung, die sich vom Feuer ordentlich erhizte, im geringsten zu beschweren.

ren. Wir brachten hier, mit recht dankvollem Herzen gegen die Vorsicht, unter abwechselndem Jagen und Ausruhen, drey Tage zu, und kamen den 4ten mit reicher Beute und guter Botschaft zu unsern Leuten, die schon besorgt waren, daß wir nie wieder zum Vorschein kommen würden; und erhielt nachmals, sowohl die Höhle, als die Seebucht, von mir den Namen. Bey unserem ersten Eintritt in diese Höhle, befanden sich viel Steinfüchse darinn, die sich rückwärts in eine Felsenkluft retirirten, durch welche sich nachmals, der Rauch von dem angelegten Feuer zog; wodurch ein solches Niesen und Räuspern unter ihnen entstand, daß wir genug zu lachen hatten. In der Nacht aber hatten wir keine Ruhe vor ihnen, da sie einem, nach dem andern die Mütze abnahmen und andre Possen trieben.

Einige Tage vor uns war der Untersteuermann Juschin, mit unserm einzigen Schiffszimmermann, der allein unternommen hatte ein neues Fahrzeug, aus dem Wrack, zu erbauen und auf dem also alle Hofnung unsrer Erlösung beruhte, mit noch drey Personen, auf die Jagd gegangen. Da nun diese, ebenfalls vom Sturm genöthigt, eine Kluft zur Zuflucht gesucht, und dicht an der See gefunden hatten, geschahe es, daß sie vom hohen Wasser darinn, sieben Tage lang, ohne Proviant und Holz, eingesperrt gehalten wurden und erst den neunten Tag wiederkamen, da wir dieselben schon entweder für ersoffen, oder durch den von den Gebürgen herabstürzenden Schnee erdrückt hielten.

Als wir den 8. April nach Hause kamen, erhielten wir die freudige Nachricht, daß sich diese uns so nöthige Person wieder eingefunden habe; ferner daß der Bootsmann den 6. April, mit der Nachricht zurückgekommen sey, daß wir uns würklich auf einer Insul befänden, auch daß sie in Nord=Ost hohe Gebürge vermeynten gesehen

sehen zu haben. Nach der Breite in der wir uns befanden, halte ich dafür, daß dieses nicht als ein Theil von Amerika, sondern als eine andre, auf Kamtschatka unbekannte Insel *) angesehen werden müsse.

Da nun diesemnach kein andrer Weg von hier ab und nach Kamtschatka zu kommen mehr übrig schien, als, in Ermanglung aller Waldung, das alte Pakedboot zu zerbrechen und daraus ein kleineres Fahrzeug zu bauen; so wurde solches am 9. April in einer gehaltnen Commission beschlossen und folgende Vertheilung gemacht, welche von dem Dato, da der Anfang zum brechen gemacht werden sollte, bis zum vollendeten Bau des neuen Fahrzeuges, dauern sollte: 1) daß diejenigen zwölf Mann, so mit der Axt arbeiten könnten, ohne Aufhören bey der Zimmerarbeit verbleiben sollten. 2) Daß die übrigen, die beiden Officiere und mich allein ausgenommen, jagen und arbeiten sollten, dergestalt, daß wenn eine Parthey von der Jagd nach Hause kehrt, zwar einen Tag ausruhen, doch dabey Hausarbeiten verrichten, alsdenn seine Kleider und Schuhe repariren, am dritten Tage aber, und die folgenden, am Fahrzeuge mit arbeiten sollte, bis die Ordnung zur Jagd wieder an sie käme. 3) Daß alles Fleisch an einen gemeinschaftlichen Ort gebracht, und alle Morgen dem Koch von einer jeden Parthey, sein Antheil von einem Unterofficier herausgegeben werden solle, damit die Zimmerleute keinen Mangel litten.

Nachdem dieses mit aller und jedes Einwilligung unterschrieben worden, fieng man gleich am folgenden Tage die ersten Vorbereitungen an: man räumte das Fahrzeug aus

---

*) In der That hat auch hier die Folge bewiesen, daß Steller recht gemuthmaßt habe. Denn diese, von der Beringsinsel in N. O. gesehene Berge waren, die nunmehro hinlänglich bekannte Kupferinsel (Mednoi ostrof.) P.

aus und brachte die Materialien an einem Ort am Ufer zusammen. Es wurden Schleifsteine gehauen und in Tröge eingesezt, die Werkzeuge vom Rost gesäubert und geschliffen, die Schmiede angerichtet, Brecheisen, eiserne Keile und große Hämmer geschmiedet, Holz gesamlet und Kohlen gebrannt; welche lezte, mühsame Arbeit das Werk am meisten hinderte.

Ob man nun gleich, in Ansehung der entfernten Jagd, da innerhalb 18 bis 20 Werste die Thiere bereits von uns verscheucht waren, viele Schwierigkeiten voraus sahe; so wurde doch unser Muth, unerwartet, durch folgende Schickung wieder aufgerichtet: den 18ten und 19. April nehmlich wurden zwey Seebären erschlagen, die am Gewicht, mit Fleisch und Speck, wenigstens 20 Pud jeder wogen und deren zwey bis drey hinlänglich schienen, das Commando eine ganze Woche hindurch zu erhalten. Da uns nun zugleich die am Kamtschatkischen Ufer bemerkten Züge dieser Thiere bekannt waren, so war Hofnung, die auch bald in Erfüllung gieng, daß bald mehrere dieser Thiere folgen würden.

Noch mehrern Muth und Erleichterung schaffte uns ein ganz frischer Wallfisch der am 20sten April, den Tag ehe man das alte Paketboot zu brechen anfing, bey Koslowo Pole, fünf Werste von unsern Wohnungen nach Westen, ans Land geworfen wurde. Er war 15 Faden lang, und wir sammleten in zwey Tagen, so viel Speck und Thran davon, daß noch bey unsrer Abreise einige Fässer davon nachblieben.

Mit dem Fleisch der jungen Seebären und der weiblichen Thiere, die viel zarter zu essen sind, erhielt man sich den ganzen May und die Hälfte von Juniusmonat.

Den 5 May wurde durch Einsetzung des Hinter- und Vordersteven in den Kiel, der Anfang zu unserm Fahrzeuge und unsrer künftigen Erlösung gemacht. Der Lieut-

Lieutnant Waxel lud darauf alle und jede zu sich, und bewirthete in Ermanglung andrer Getränke, mit Mongolischem Saturan, oder Theesuppe, die mit Mehl und Butter verfertigt wird, wobey wir, unter vielen Wünschen und Sehnen, ziemlich vergnügt waren. Die angenehme Frühlings-Witterung ließ uns, außer der gelinden Luft, noch andre Vortheile genießen; denn man fand, nachdem der Schnee abgethauet war, hier und da am Ufer soviel Holz, daß man in Absicht der zum Schmieden nöthigen Kohlen großen Muth bekam; wir erhielten nun ferner viele zur Speise dienliche und wohlschmeckende Kräuter und Wurzeln, die, außer der Veränderung unsern abgemergelten Leibern zur Arzney dienten.

Den 11 May und die folgenden Tage fieng der Schnee nicht nur mit Macht an, zu thauen, sondern der mit Südostwinden entstandne anhaltende Regen verursachte überdies ein dergestalt hohes Wasser, daß die Bäche übertraten, und wir kaum in unsern unterirrdischen Wohnungen vor Wasser aushalten konnten, welche auf ein, ja zwey Fuß angefüllt wurden, und uns veranlaßten, nachdem der Regen aufgehöret, die Winterwohnungen zu verlassen und Sommerhütten über der Erde aufzubauen. Indessen wurde hiedurch auch der Bau des Fahrzeuges auf einige Tage zurückgesetzt, nachher aber mit desto größerem Eifer angegriffen; je besser es mit dem Brechen des alten Fahrzeuges von statten gieng, anstatt daß man anfänglich fast an der Möglichkeit davon gezweifelt hatte, weil dasselbe neu und sehr fest gebaut, wir aber fast ohne Werkzeuge waren. Nicht minder nahm der Bau des neuen Fahrzeugs täglich zu, und der Eifer zur Arbeit stieg mit der Hofnung, so daß man bald nicht mehr zweifelte, wir würden im Augustmonat unsre Farth nach Kamtschatka antreten können. Zu mehrerer Beschleunigung der Arbeiten fieng man an, den Unterhalt der Mannschaft

schaft durch den Fang der nahen Seekühe zu erleichtern, um desto mehr Zeit und Hände zum Schiffbau zu haben, und die schon ziemlich von Schuhen und Kleidern entblößte Mannschaft nicht mehr durch den schweren Weg über das Geburge zu beläftigen. Diesen uns so vortheilhaften Fang habe ich in der Beschreibung der Beringsinsel *) umständlich erzählt.

Da dergestalt die Arbeit immer mehr gefördert werden konnte, und die beständige Bemühung und Aufmunterung des Lieutnants Waxel den Muth der Mannschaft vermehrte, geschahe es, daß im Juliusmonat, das Fahrzeug 36 Fuß lang am Kiel, und 42 Fuß über den Stewen, was dessen Körper betrift, auf dem Stapel fertig stand. Die übrige Zeit bis den 13ten August wurde mit Verfertigung der Takelasche und dem Theerschwelen aus alten Tauen, endlich auch zur Erbauung des Schlittens, worauf das Fahrzeug ablaufen sollte, gebraucht. Letzteres kostete um so viel mehr Mühe, je weniger man mit Holz und andern Materialien dazu versehen war. Das Holz wurde von den entferntesten Gegenden des Ufers zugeschleppt; die Befestigung desselben wurde durch Auflegung der Kanonen bewerkstelliget. Indessen bauten einige ein Magazin, um die nachbleibenden Materialien darinn zu verwahren; andre waren mit Erbauung eines Ofens und Bereitung der Zwiebacke auf die Reise beschäftigt; einige richteten die Fässer zu, die man mit eisernen Bändern und Tauen auf die Reise zu befestigen hatte; einige untersuchten den Grund in der See, und war überhaupt niemand der müßige Hände haben wollte, da jedem die Erlösung von diesem wüsten Eyland äußerst angelegen war.

Da nun den 8ten August alles in Ordnung gebracht und zur Reise fertig war, wurde Nachmittags öffent-

---

*) S. den 4ten Theil dieser Nord. Beyträge. P.

öffentlich ein Gebet gehalten, worinn wir Gott um glückliche Ablassung des Fahrzeuges baten, solches dem heiligen Apostel Petrus widmeten, und nach ihm nannten, worauf zum Ablaufen desselben jedermann Hand anlegte. Zu unsrer gröſten Bestürzung drückte die Last des Fahrzeugs das zu niedrig angelegte Fundament ein, und blieb im Ablaufen stehen; wir arbeiteten es zwar mit Winden wieder in die Höhe, ersetzten den Fehler durch einige untergelegte Bretter, und brachten es so vom Lande; allein das hohe Wasser war bereits verlaufen, und es konnte erst am folgenden Tage, mit der nächsten Fluth völlig in die See gebracht werden.

Nun ward Tag und Nacht gearbeitet, den 11ten der Maſt eingesetzt, und mit seinen Wänden befestigt; darnach ward Wasser und Proviant und endlich eines jeden Gepäck an Bord gebracht, welches aber nur bis zu einem bestimmten Gewicht erlaubet wurde. Indessen waren die Zimmerleute noch mit Verfertigung eines kleinen Bots beschäftigt, welches auf dem Deck stehen konnte. Unser Seeproviant bestand aus 25 Pud Rockenmehl, fünf Fäſſern eingesalzenes See-Kuh- oder Manati-Fleisch, 2 Pud Erbsen, und ein Faß gesalzen Rindfleisch, welches man bey aller Noth dennoch auf die Heimreise gespart hatte. Ueberdem wurde jedem Mann vier Pfund Butter gereicht, und die mehreſten, die eine gute Oekonomie geführt hatten, konnten von ihrem ersparten Proviant sich noch wohl ein halbes Pud Zwieback auf den Weg backen; die es aber nicht konnten, versahen sich mit getrocknetem Manati-Fleisch.

Den 13ten August giengen endlich alle, mit vieler innerlicher Bewegung, aus ihren Wohnungen nach dem Fahrzeug, welches uns entweder nach unserm Vaterlande führen, oder auf irgend eine Art unserm Schicksal den Ausschlag geben sollte. Als wir auf dem Fahrzeug beysammen

sammen waren, sahe man erstlich wie enge der Raum und wie beschwerlich die Reise dahero werden würde; einer lag auf dem andern und kroch über den andern her. Der Lieutnant Waxel, Meister Chytref, ich und des Lieutnants Sohn hatten endlich noch den besten Raum in der Cajüte. Die übrigen 42 Mann lagen im Raum, der mit Wasserfässern, Proviant und der Bagage so voll gepackt war, daß die Leute kaum zwischen denselben und der Decke liegen konnten. Drey Mann bekamen zwey Plätze, da die Mannschaft in drey Wachten eingetheilt war. Da aber der Raum noch zu eng blieb, fieng man an, Kissen, Betten und Kleider, die vom Lande mitgenommen worden, in die See zu werfen. Indessen sahe man am Ufer die Steinfüchse mit größter Freude und Geschäftigkeit unsre Wohnungen durchsuchen, und in die Ueberbleibsel von Fett und Fleisch sich theilen.

Den 14ten August Morgens flehte man den Höchsten um seinen Beystand zu einer glücklichen Reise in einem besondern Gebet an, und lichtete darauf die Anker; und weil der westliche Wind uns behülflich war die östliche Spitze der Insel zu passiren, so erwählte man, ohnerachtet die Kamtschatkische Mündung zweymal näher und uhser Fahrzeug einen Herbststurm auszustehen fast nicht im Stande war, dennoch den graden Strich nach dem Meerbusen Awatscha. Wir rückten bey gelindem Winde dergestalt fort, daß wir Nachmittags in den Kanal zwischen Berings=Eyland und der gegen über in Osten auf fünf Werste parallelen Insel kamen, und gegen Abend das südöstliche Ende unsrer Insel erreichten. Diesen Tag brachten wir sehr vergnügt zu, da wir so bey hellen und angenehmen Wetter längst der Insel hinschifften, auf welcher uns alle Berge und Thäler bekannt waren, die wir so oft unsrer Nahrung oder andrer Kundschaft wegen mit großer Mühe erstiegen, und nach verschiednen Umständen mit Namen belegt hatten. Spät am Abend

waren

waren wir, Gottlob, so weit gekommen, daß wir der
äußersten Landspitze gegen über waren.

Den 15ten Sonntags war der Wind Vormittags
gelinde, und hatten wir die südliche Seite der Insel noch
immer im Gesicht. Gegen die Nacht verstärkte sich der
Wind und nachdem wir das große Schiffs-Boll, so uns
bisher so viele Dienste gethan, unserm Fahrzeug aber im
Lauf hinderlich wurde, gekappt und in die See hatten treiben lassen, verloren wir auch das Eyland völlig aus dem
Gesicht. Man fieng nun an den Curs gegen Awatscha
West zum Süden fortzusetzen, bey sehr günstigem Wind
und Wetter. Um Mitternacht aber wurden wir auf einmal in das äußerste Schrecken gesetzt, da unser Fahrzeug
sich durch einen unbekannten Lek mit Wasser zu füllen anfieng. Bey der Enge des Fahrzeugs und vollen Befrach-
tung war es höchst schwer, das Lek bald ausfündig zu
machen. Die Pumpen, unter welche man Kessel zu setzen
vergessen hatte, verstopften sich bald durch die im Raum
zurückgebliebne Späne, und die Gefahr wuchs, da der
Wind stark, unser Fahrzeug aber wenig fest gebaut war,
jeden Augenblick. Bey diesen Umständen minderte man
sogleich die Seegel; einige räumten das Gepäcke aus dem
Wege, um nach der Oefnung zu suchen, andre gossen
ohne Aufhören das Wasser mit Kesseln aus, noch andre
warfen die vom Lande mitgenommene Kugeln und Kar-
tätschen in die See. Zu unserm großen Glück gelang es,
daß der Zimmermann, nach Erleichterung des Schiffs,
die Oefnung muthmaßlich, unter der Wasserlinie entdeckte
und gestopft wurde; so daß wir auch dieses mahl, und
vor der Gefahr zu sinken gerettet waren. Durch diesen
Zufall gewarnt, unterließ man nicht den Fehler zu verbes-
sern, und unter die Pumpen, in den Spühlraum, Kessel zu setzen. Der Lek war aber eigentlich durch die Gewalt entstanden, mit welcher bey Ablassung des Schiffs,

die

die angesetzten Winden, im Auflichten, auf dessen Zimmerwerk gewürkt hatten.

Den 16ten August verfolgte man den angefangnen Curs. Den 17ten am Dienstag frühe, bekamen wir auf einmal das feste Land von Kamtschatka zu sehen. Wir erreichten selbiges grade in der Gegend des Kronozkischen Vorgebürges, sahen es auch, wegen trüber und neblichter Witterung, nicht eher, als bis wir uns etwan eine Meile vom Ufer befanden. Nichts desto weniger blieb man bey dem Vorsatz, nach dem Hafen zu gehn, von welchem wir noch dreißig Meilen entfernt waren. Da aber die ganze Zeit über, unter dem Lande Kamtschatka entweder eine gänzliche Windstille oder der Wind widrig war, so brachten wir noch neun Tage mit laviren zu, bis wir endlich den 26 August, da man sich vier und zwanzig Stunden lang ohne Unterlaß der Ruder bedient hatte, in der Nacht in die Mündung des Seebusens, und den 27sten Abends in den längst gewünschten Hafen selbst kamen.

So groß bey uns allen die Freude, über unsre Erlösung und glückliche Ankunft war, so setzten uns gleichwohl die Nachrichten, die wir gleich an der Mündung von einem Kamtschadalen erhielten, in weit größere Bewegung. Wir waren von jedermann für todt oder verunglückt gehalten worden; unsre Nachlassenschaft war unter fremde Hände gerathen, und gröstentheils weggeführt. Daher wechselte Freude und Betrübniß, in unser aller Seelen, in wenigen Augenblicken. Indessen waren wir alle an das Elend und Kummerleben nun so sehr gewöhnt, daß man, statt neuer Aussichten, nur an die Fortsetzung der bisherigen Lebensart dachte, und sich die jetzigen Umstände als träumend vorstellte.

Nachdem wir nun am folgenden Tage dem großen Gott, für unsre wunderbare Erhaltung und glückliche Zurückkunft

rückkunft nach Asien herzlich, in einem allgemeinen Gebet gedankt, beschlossen die See-Officiere, diesen Herbst noch nach Ochozk zu gehn. Ich aber nahm von ihnen Abschied und machte mich auf, die dreißig Meilen bis Bolscherezkoi ostrog zu Fuße zu gehen, um zu den meinigen zu gelangen, wo ich auch den 5ten September glücklich ankam, und das hohe Namensfest unsrer allergnädigsten Monarchin mit feierte. Nach Verlauf einiger Wochen erhielten wir in Bolscherezk die Nachricht, daß das nach Ochozk bestimmte Fahrzeug, widrigen und starken Windes wegen wieder in den Hafen zurückgekommen sey. Indessen war die nach Bolscherezk gebrachte Nachricht von unsrer Wiederkunft, aus Nachläßigkeit des Befehlshabers, nicht einmal auf das eben seegelfertig liegende Galliot Ochozk überbracht worden, ohnerachtet solches erst drey Tage nach erhaltner Nachricht abgesegelt war: wodurch wir also beym Commando noch um acht Monat länger für todt gehalten wurden.